한 달 만에 **1타 원장**으로 만들어주는

영어 성적
급상승
로드맵

한 달 만에 1타 원장으로 만들어주는
영어 성적 급상승 로드맵

초판 1쇄 인쇄   2022년 4월 20일
초판 1쇄 발행   2022년 4월 25일

지은이   황성공
펴낸이   최향금
펴낸곳   에이블북

주소   서울시 노해로 70길 54
등록   제2021-000032호
전화   02-6061-0124
팩스   02-6003-0025
메일   library100@naver.com

ISBN   979-11-978512-0-9 (13370)

한 달 만에 **1타 원장**으로 만들어주는

영어 성적
급상승
로드맵

황성공 지음

ABLE
BOOK

초보 원장, 성적 상승 비법을 찾아 헤매다

"오늘 단어 안 외웠지?"

"네, 근데 왜요?"

"왜요? 왜긴 왜야, 단어 안 외웠으니까 수업 끝나고 남아!"

"아이 C발."

"뭐? 너, 방금 뭐라고 했어?"

영어 선생이 된 지 5년이나 되었지만, 시험 때마다 단어 숙제 때문에 매일매일 아이들과 입씨름의 연속이었다. 학교 시험이 몇 주 안 남았지만, 사춘기 중등 아이들은 천하태평이었다. 고등부도 숙제를 안 해오기는 마찬가지였다.

"담주가 시험인데, 아직도 본문 안 외우면 어떻게 해!"

"시험 범위 지문이 60~70개인데 그걸 어떻게 외워요. 그냥 문제나 풀래요."

영어 강사 생활에 방문과외까지 선생 경력 5년 차에 어렵게 오픈해서 어엿한(?) 학원장이 되었지만 시험 때마다 아이들과 실랑이를 벌이는 건 여전했다. 강사였을 때는 내 학원이 아니라서 아이들의 성적이 떨어져도 크게 상관없었지만, 학원장이 되고 나니 숙제를 안 해올 때마다 잔소리를 해댔다. 숙제를 안 해오면 성적이 떨어지고, 성적이 떨어지면 학부모들은 득달같이 아이를 그만두게 만들어서 엄청난 타격을 받기 때문이다.

어느 날 너무 스트레스를 받아 푸념도 하고 조언도 들을 겸 10년 이상 학원을 운영하고 있는 지인을 만났다.

"김 원장님은 애들이 숙제 안 해오면 어떻게 하시나요?"
"옛날처럼 매 들면 안 되니까 살살 달래는 수밖에 없어요."
"어르고 달래도 안 되는 애들은요?"
"정말 노답이죠. 그냥 머릿수 채우는 아이라고 생각하고 적당히 시키세요. 월세도 내야 하고 운영비도 드니까 어쩔 수 없잖아요."
"아이들을 돈으로 보는 건 교육자로서 좀….."
"황 원장님이 초보 원장이라 잘 모르시는데, 그렇게 안 하면 운영하기 힘들어요. 공부 좋아하는 애들 5~10%만 잡고 가는 거예요. 나머지는 다 들러리예요."
"정말요? 다른 학원들도 그렇게 하나요?"
"당연하죠. 황 원장님도 4~5년 하다 보면 그렇게 될 거예요."

그날 망치로 한 대 얻어맞은 기분이었다. 공부하기 싫어하는 아이들과 성적이 바닥인 아이들은 정말 노답이란 말인가? 나는 정말 다르고 싶었다! 성적을 쉽게 올릴 수 있는 방법이 있다면, 바닥권 아이들도 상위권이 될 수 있는 방법이 있다면 돈이 얼마가 들든 시간이 얼마가 걸리든 정말 배우고 싶었다! 영혼이라도 팔고 싶을 정도로 갈구했지만 그 어디에서도 찾을 수 없었다.

성적을 올려줬는데 왜 그만두는 거지?

영어 학원을 오픈한 지 몇 년 후 아이들과 밀당하는 게 어느 정도 익숙해져서 성적은 적당히 나왔지만, 시험이 갑자기 어렵게 나오면 성적은 들쑥날쑥했다. 그러면 모든 결과는 온전히 선생인 내 책임이었다. 특히 상위권 엄마들은 한 번의 실수도 용납하지 않았다.

공부를 열심히 하지 않아서 성적이 떨어지면
'열심히 하게 만들었어야지!'
실수를 해서 90점대가 안 나오면
'실수를 안 하도록 제대로 많이 연습시켰어야지!'
시험이 갑자기 미친 듯이 어렵게 나와 성적이 잘 안 나오면
'시험이 어렵게 나올 걸 예상하고 미리미리 대비했어야지!'

이런 엄마들을 겪을 때마다 속으로 '그렇게 잘 알면 나한테 보내지 말고 자기가 가르치지!' 하면서 '진상엄마'라고 치부해버렸다. 하지만 성적 때문에 계속 한 명 두 명 나를 떠나는 것을 보고, 엄마

들 입장에서 생각을 해봤다. 그랬더니 바로 이해가 되었다. 내 아들, 내 딸을 학원이나 공부방에 보내는 이유는 단 하나밖에 없다. 중위권 아이들은 상위권으로 만들려고, 상위권은 100점 받게 하려고, 100점 받는 아이는 항상 100점이 나오게 하려고 내게 맡기는 것이다.

나는 학원가에서 살아남기 위해 미친 듯이 자료 수집과 티칭 연구에 몰두했다. 그리고 5년 뒤 나는 찍어주는 대로 다 시험에 나오는 '골드쌤(금메달쌤)'이란 별명을 갖게 되었다. 교과서 본문, 문법, 어법, 서술형, 외부 지문의 유형은 물론 각 학교 영어 선생님 성격까지 파악해서 적중 예상문제를 만들었다.

적중률이 87%나 되어 공부를 한 번도 안 한 바닥권 아이가 시험 전날 '시험 정답 알려주는 찍기 강의'에 와서 본문 지문과 문법, 어법과 유형 등을 정리한 '정답 노트'를 받아가 다음 날 시험에서 80점이 넘는 믿기지 않는 일도 생겼다. 10년 이상 경력이 있지만, 70%도 찍어줄 수 없다면 이 책 1부 4장의 '족집게 쌤으로 만드는 시험 대비 필살기' 부분을 꼭 2번 이상 정독하기 바란다.

최소 3년은 다니게 만들려면

주변에서 족집게 쌤으로 소문이 났지만, 아이들이 끊임없이 그만두고 그만큼 또 새로 들어와 항상 아이들의 수는 들쑥날쑥했다. 이유를 알지 못한 채 스트레스를 받는 일상의 연속이었다. 도대체 졸업할 때 다니지 않고 그만두는 이유를 몰라 지난 10년간 그만둔 아이들의 기억을 떠올려 공통점을 찾아보기로 했다.

'전교 1등 지은이는 소개로 왔는데 왜 한 달 만에 그만뒀지? 아… 지은이 엄마가 숙제를 엄청 많이 내달라고 했는데 조금만 내줬다가 계속 숙제가 적다고 해서 너무 많이 내줬던 게 실수였네.'

'중2 진욱이 엄마는 졸업할 때까지 보낸다고 하더니 왜 1년밖에 안 하고 그만뒀지? 아! 그 엄마가 수업 시간이 좀 짧다고 했는데, 내가 무시해버렸지.'

'중3 바닥권 민수는 겨울방학 때 돈도 더 안 받고 일대일로 엄청 열심히 가르쳐줬는데, 고등학교 들어가서 2등급 받자마자 그만뒀어. 원래 영포자 수포자였는데, 영어를 2등급 받으니까 대학에 갈 수 있다는 희망이 생겨서 입시전문학원으로 간 거였어.'

'중3 지현이는 중위권에서 두 달 만에 바로 90점대로 올라갔는데 왜 4개월 만에 그만뒀지? 아~ 그때 지현이 엄마가 나보고 고등부도 가르치냐고 물어봤는데, 고등부는 아직 없다고 했더니 프로처럼 안 보여서 불안했구나.'

민지는… 하은이는… 진혁이는… 다빈이는… 현수는….

100명이 넘어가니 이유는 대동소이했다. 아이가 졸업할 때까지 다니게 하려면 성적은 기본에 학부모와 학생 이 두 대상과의 커뮤니케이션이 중요하다는 게 결론이었다. 학부모와 아이, 둘 다 만족시키지 못하면 그만두게 되어 있다.

선생이란 자존심을 조금 내려놓고 매달 하나씩 하나씩 바꿔나가면서 학부모와 학생에게 맞춰주기 시작했더니 정말 놀라운 일이 일어났다. 1년 정도 지나자 나와 한번 공부하기 시작한 아이들은 최소 3년은 그만두지 않았다.

영포자는 골치덩이가 아니라 복덩이다

이 책은 내가 20년간 사교육 시장에서 깨지고 넘어지면서 터득한 경험을 바탕으로 하였다. 여기에 7년간 네이버 '성공비' 카페 운영자로서 전국의 수많은 영어 원장님들을 만나면서 나누었던 상담과 컨설팅 등으로 체계화된 노하우들을 보탰다. 그리고 고민 끝에, 카페 회원들에게 유료로 제공하는 내용들 가운데 일부를, 휴일도 없이 밤늦게까지 쉴 새 없이 일하며 힘들어하는 학원·공부방·과외 선생님들을 위해 과감하게 공개하였다.

1부는 중등편, 2부는 고등편으로 구성하였다. 성적 급상승 로드맵을 시작으로, 시험을 완벽하게 대비할 수 있는 족집게 쌤이 되는 비법, 한 번 틀린 문제 무조건 100% 맞게 하는 노하우, 외부 지문 편하게 준비하는 방법, 시험 망쳐도 못 그만두게 하는 비법, 무조건 숙제해오게 만드는 노하우, 일주일에 3천 단어 한 바퀴 도는 비법 등 무료로는 결코 얻을 수 없는 귀중한 정보를 낱낱이 펼쳐놓았다. 이 책의 설명대로 잘 따라 한다면 경력에 상관없이 모든 선생님이 영어 성적을 급상승시키는 기쁨을 맛볼 수 있을 것이다.

또한 '노답'이라며 대부분의 선생님이 기피하는 영포자, 바닥권 아이들의 성적을 급상승시키는 놀라운 비법을 터득해, 골치덩이 영포자가 복덩이로 바뀌어 내 학원·공부방을 먹어살려주는 소중한 고객으로 자리 잡게 될 것이다.

3부에서는 선생님들이 모르고 저지르는, 절대 해서는 안 되는 뻘짓 16가지를 소개한다. 귀중한 수업 시간에 과연 어떤 뻘짓을 하고 있는지 꼭 살펴보기 바란다.

그리고 부록에는 이 책의 핵심 노하우라 할 수 있는 녹음과 관련해 선생님들이 자주 하는 질문 17가지에 대한 답과, 전국의 영어 선생님들이 내가 고안한 녹음 학습법을 실천해 놀라운 성공을 거둔 사례들을 소개하였다. 또한 강사를 채용할 경우 독이 되는 강사와 득이 되는 강사를 어떻게 판별할 수 있는지 강사 관리법도 정리해 두었다.

이 책의 모든 내용은 초보 원장님도 곧바로 실전에 적용해 즉각적인 효과를 볼 수 있도록 알기 쉽고 구체적으로 소개했다.

성공의 첫 발걸음을 내디뎌라

이 책은 초보 선생님은 물론, 경력이 많음에도 학원이나 공부방을 운영하면서 어려움에 맞닥뜨린 선생님이 사교육 시장이란 망망대해에서 길을 잃지 않게 해주는 하나의 등대가 되어줄 것이라 자신한다.

성공하는 사람과 성공하지 못하는 사람의 차이는 '실천'에 달려 있다. 그리고 대부분의 사람들은 이미 성공하는 법을 알고 있거나 기회가 자신에게 왔음에도 불구하고, 시작하는 것을 망설이다가 그 기회를 놓쳐버린다.

'내가 시작하기 전까지는 아무 일도 일어나지 않는다!'

가보지 않은 길에 대한 두려움, 성공의 목적지까지 잘 갈 수 있을까란 망설임. 이제 그 두려움과 망설임은 나에게 맡기고, 여러분은 성공의 첫 발걸음을 내딛기 바란다. 그동안 나와 함께했던 수많은 영포자 학생들과 내 강의를 통해 중고등 시험 대비에서 해방된 영어 선생님들께 이 책을 바친다.

《욥기》 8장 7절을 기억하며, 좌절하지 말고 더 열심히 달려보자.

"네 시작은 미약하였으나 네 나중은 심히 창대하리라"

황성공

CONTENTS

프롤로그   • 4

1부 중등 영어 성적 급상승 비법

1장 중등 영어 성적 급상승 로드맵 세우기

실력이 아니라 성적을 올려라   • 22
시험 대비 플랜을 세워라   • 25
성적 급상승 8주 플랜, 4주 플랜   • 27

2장 편하게 수업하고 성적은 팍팍!

시험 때까지 영어 단어 안 잊어버리는 가장 쉬운 방법   • 34
영어 단어가 구구단처럼 입에서 바로 튀어나온다고?   • 38
영포자도 교과서 본문 술술 외울 수 있다   • 42
교과서 다 달라도 한 교실에서 수업하려면   • 45
교과서 수업은 하지 않는다   • 48
방학은 수년 치 과정을 돌릴 수 있는 절호의 기회   • 52

3장 잔소리 안 하고 숙제 잘하게 만드는 노하우

아이들 말 곧이곧대로 믿다가 큰일난다 · 62

보상이 숙제를 즐겁게 만든다 · 66

숙제 안 해오는 아이를 위한 극약 처방전 · 69

철자 쓰기 숙제는 3번만 · 74

4장 족집게 쌤으로 만드는 시험 대비 필살기

족집게 쌤이 되는 3단계 프로세스 · 78

한번 틀린 문제 두 번 다시 틀리지 않게 한다 · 83

외부 지문 시험 대비 편하게 하는 방법 · 89

단어도 못 읽는 영포자 80점대로 급상승시키기 · 92

시험 기간에도 단어 암기는 필수다 · 95

기출문제, 예상문제 푸는 데도 순서가 있다 · 98

5장 이탈률 낮추는 관리 노하우

초6, 중학교 졸업할 때까지 다니게 하려면 · 104

시험 망쳐도 계속 다니게 하려면 · 108

그만둔 학생 다시 받아도 될까 · 111

수업 시간에 문제 일으키는 아이, 내보내야 하나 · 116

늘 상위권을 유지시켜 주는데 왜 소개를 안 해줄까 · 122

2부 고등 영어 성적 급상승 비법

1장 고등 영어 성적 급상승 로드맵 세우기

내신 준비, 한 달 만에 좋은 성적 안 나오는 이유　　　• 130

성적은 학기 중에, 실력은 방학 때　　　• 134

시험 대비 성적 급상승 8주 플랜　　　• 136

2장 등급별 맞춤 수업 노하우

성적을 급상승시키는 5단계 수업법　　　• 140

한 교실에서 레벨별로 수업하기　　　• 146

레벨별, 유형별 맞춤 모의고사 문제집 만들기　　　• 149

대면 수업, 줌 수업 한 번에 해결하기　　　• 153

따로 시간 안 내고 시험 대비 수업 영상 찍기　　　• 157

정시, 수시 맞춤별 수업하기　　　• 161

내신 대비를 널널하게 만드는 방학 특강　　　• 163

일주일 만에 어휘 3~5배 늘리는 법　　　• 168

바닥권 아이들은 파닉스와 초등 단어가 답이다　　　• 173

3장 숙제율이 성적이다!

등급별, 학년별 숙제 내주는 노하우 • 178

듣기, 독해 책 선정과 독해 숙제가 즐거워지는 법 • 182

숙제 해오게 만드는 비법 • 186

제대로 된 숙제를 내줘야 성적이 향상된다 • 189

4장 적중률을 높이는 시험 대비 노하우

지필고사 시험 유형 완벽하게 분석하기 • 194

교과서, 외부 교재, 시험범위 다 달라도 문제없다 • 197

9등급도 모의고사 1등급 받을 수 있는 특급 노하우 • 200

영포자를 위한 킬러 커리큘럼 1년 치 • 205

영포자를 구제해주는 숙제와 수업 노하우 • 208

고득점의 비결은 문법과 영작이다 • 211

받아쓰기를 해야 하는 이유 • 214

예상문제를 찍으려면 외부 지문을 확보하라 • 216

5장 수능 보기 전까지 다니게 하려면

종이 한 장이 명품 선생을 만든다고? • 220

엄마들이 좋아하는 고등부 회비는? • 223

중3 때부터 수능 보기 전까지 쭉 다니게 만들어라 • 227

영포자를 우대하라 • 230

등급별 관리법 • 232

3부 모르고 저지르는 뻘짓 16

교과서, 외부 교재 본문 일일이 해석해주기 • 239

내신에도 안 들어가는 모의고사 대비해주기 • 241

수업 시간에 독해하기 • 243

수업 시간에 듣기나 단어 테스트하기 • 245

시험 때 보충 안 해주기 • 247

시험 끝나고 바로 진도 나가기 • 249

단어 테스트 통과 못한 애들 남겨서 재시험 보기 • 250

숙제 안 해오면 무! 조! 건! 남김? • 251

숙제 계속 안 해오면 자르기? • 252

심각한 표정인 아이 숙제 안 했다고 혼내기 • 253

한두 달 만에 성적 너무 많이 올려주기 • 255

방학 특강 안 하거나 돈 더 받고 하기 • 256

성적이 올라도 보상 안 해주기 • 257

생일 안 챙겨주기 • 258

애들 보고 기출문제집 사오라고 시키기 • 259

문제집 한 권만 사기 • 260

부 록

부록 1 녹음과 관련된 질문들   • 262

부록 2 전국 영어 선생님들의 실천 후기   • 273

부록 3 독이 되는 강사, 득이 되는 강사   • 285

에필로그   • 292

1부

중등 영어 성적

급상승 비법

1장

중등 영어 성적 급상승 로드맵 세우기

실력이 아니라
성적을 올려라

시험 대비는 2~3주면 충분할까?

10년쯤 전의 일이다. 일산 시내 한 중학교에 다니던 민수 학교 영어 선생님이 갑자기 일산 학원가 근처 고등학교 영어 선생님으로 다 바뀌어버렸다. 그 뒤부터 평균 점수가 40점이 채 못 될 정도로 시험이 너무 어려워졌다. 당시 민수 어머니는 학교 시험은 적당히 하면 된다고 무시했었다. 중3이 된 민수는 외고를 준비하고 있었지만, 평균 점수가 93점밖에 안 되어 평균 점수 미달로 외고를 포기하고 일반고를 가려던 차였다.

"비싼 돈 주고 과외시키는데 두 달 전부터 시험 대비라뇨?"
"그게 아니라, 민수 학교 영어시험은 너무 어려워서 한 달 동안 대비하기엔 시간이 너무 부족합니다. 서술형에 논술형까지 나와서요."
"아뇨! 방학 때처럼 이번 달도 고등 과정 선행해주세요. 다른 선생님들은 시험 한 달 전에 대비하는데 무슨 말씀하시는 거예요?"

민수 어머니의 요구대로 시험 대비를 한 달만 했더니 69점이라는 어처구니없는 점수가 나왔다. 어렵게 나오긴 했지만, 실수만 안 했어도 85점까지는 받을 수 있었던 문제였다. 두 달 전에 시험 대비를 해야 90점대를 받을 수 있다고 말했음에도 불구하고, 민수 어머니는 69점이라는 점수가 말이 되냐며 화를 내면서 바로 문자로 이별 통보를 했다.

그리고 민수 다음에 맡았던 과고 대비반 중2 진혁이의 영어 성적도 겨우 70점을 넘을 정도로 학교 시험이 너무너무 어려워져서 결국 한 달 만에 그만뒀다.

상위권, 최상위권 엄마들은 흔히 이런 말을 한다.

"저희 철수는요, 상위권이라 성적은 신경 쓰지 않으셔도 돼요. 시험 대비는 2~3주 정도로 충분하니까 선행 팍팍, 진도 팍팍, 숙제도 팍팍 내주세요~~"

거짓말이다!

상위권 엄마들은 90점대 이하는 점수가 아니라고 생각해서 89점을 받아도 그만둔다. 아이가 실수를 하든 시험이 어렵게 나오든 이유 막론하고 성적이 떨어지면 무조건 선생님 책임이라고 생각하기 때문이다.

잊지 마라! 아이들은 당신에게 영어를 배우러 온 것이 아니라, 성적을 올리기 위해서 온 것뿐이다! 그 이상도 그 이하도 아니다. 그러므로 선생인 나는 성적만 올려주면 된다!

가장 중요한 것은 성적이다

그런데 전국의 모든 선생님이 아이의 실력을 올려줘야 한다는 강박관념을 가지고 있다. 하지만 실력이 아닌 성적이 떨어지면 아이들은 바로 그만둔다. 10년이 지난 뒤에야 나는 아이들이 내 학원, 내 공부방에 오는 결정적인 이유는 실력 향상보다는 성적 향상 때문이었다는 사실을 깨달았다.

강사가 아닌, 학원이든 공부방이든 나만의 사업체를 운영해본 사람이라면 누구나 동의할 수밖에 없다. 성적을 향상시키려고 나를 찾아온 고객은 내가 아무리 학벌과 스펙이 좋더라도 자녀의 성적이 떨어지면 결국 이별하게 되는 것이다. 실력을 올려주는 것은 두 번째다. 가장 중요한 것은 성적을 올려주는 것이다.

시험 대비
플랜을 세워라

무계획은 계획이 아니다

대부분의 선생님들이 시험 한 달 전에 기출문제집 몇 권 사서 시험 준비를 한다. 물론 예전의 나도 그랬다. 시험에 어떤 문제들이 나오고 배분율은 어떻게 되는지 정확히 모르고 말이다. 경력이 많은 선생님들도 "중학생들 시험 대비하는 데 무슨 계획표를 세워? 내가 경력이 몇 년인데!"라고 큰소리 치며 '늘 하던 대로' 무계획적으로 시험 대비를 한다.

시험이 끝나면 아이들 성적은 중구난방이다. 그래 놓고 성적이 안 나오면 아이들 탓을 한다. 성적이 안 나오는 건 무조건 선생 탓이다. 엄마들 또한 그렇게 생각하는데 그게 맞다!

성적이 안 나오는 건 무계획이 계획이기 때문이다. 시험 기간이 되면 아이들도 시험 대비 계획표를 작성하는데, 정작 선생인 나는 시험 대비 계획표를 만들지 않는다.

아이마다 플랜이 달라야 한다

나는 아이 한 명 한 명마다 진도를 체크하고 시험 때마다 목표 점수를 정해놓는다. 문법은 어느 정도 아는지, 영작 실력은 어느 정도 되는지, 특히 어떤 단어를 알고 있고 어떤 단어를 잘 틀리는지 세세하고 꼼꼼히 체크하고 거기에 맞춰 시험 대비 플랜을 세운다.

대부분 선생님들은 중상위권 이상의 아이들처럼 편한 대상만 받으려고 하고, 하위권 애들은 따로 시간 내서 더 해줘봤자 목만 아프고 성적도 안 나온다며 자습을 시키거나 대충 봐주기 일쑤다. 나 역시 초창기 땐 그랬다. 다른 방법을 생각할 수 없었다. 그게 최선이라 생각했기 때문이다.

누구나 잘하는 것은 나도 잘할 수 있다. 남들이 잘 못하는 걸 잘하는 것, 그것이 바로 실력이다. 업계를 막론하고 성공하고자 한다면 실력을 갖춰야 한다. 선생님의 실력은 아이들의 성적을 얼마나 잘 향상시켜주냐로 결정된다. 성적이 들쑥날쑥한 상위권부터 도저히 가망성이 없어 보이는 영포자까지, 어떤 학생도 선생인 내가 세운 플랜에 따라 완벽하게 시험 대비를 할 수 있게 만들어야 한다. 지금부터 성적이 쑥쑥 올라가는 시험 대비 플랜을 공개해보겠다.

성적 급상승
8주 플랜, 4주 플랜

시험 대비 기간은 4주? 8주?

시험 기간이 되면 선생님들은 딜레마에 빠진다. 서술형 때문에 시험이 너무 어려워져서 한 달만 준비하면 시간이 부족해 성적이 떨어져 그만둘 테고, 두 달 전에 시작하면 엄마들이 싫어해서 아이들이 그만두기 때문이다.

한 달 전에 서술형에 논술형까지 완벽하게 대비하기란 불가능하다. 서울 대치동이나 목동은 말할 것도 없고, 일산, 분당 평촌, 중계동 등 학원가가 있는 동네에서는 6~7년 전부터 한 학기에 한 번은 올(all) 서술형(10문제 중 9문제, 서술형 1문제는 10~15점짜리 논술형) 문제가 나오기 시작했다.

고교 비평준화 지역인 김포도 6년 전부터 올 서술형 문제가 나오기 시작했다. 방문과외를 해줬던 아이였는데, 직전 시험에서 96점 받던 아이가 그다음 시험에서 올 서술형이 나오는 바람에 79점을 받아 가차 없이 잘렸던 경험이 있었다. 사실 그 아이 반 1등도 82점밖에 못 받았을 만큼 시험이 어려웠다.

'나는 지방이라 괜찮아~'라고 안심하면 절대 안 된다. 대구의 경우 5~6년 전부터 중등부 시험에 올 서술형이 나와서 영어 학원, 공부방에 초비상이 걸렸었다. 머지않아 '올 서술형'을 넘어 '올 논술형'로 넘어가게 될 듯하다. 김해의 한 학교는 2021년부터 갑자기 올 서술형으로 나와 그 학교 주변의 학원, 공부방이 난리가 났다. 하지만 이미 영작과 서술형으로 수업해온 한 학원에 다니던 아이들은 모두 상위권에 들었다.

우리 동네는 서술형이 30~40%고 논술형은 안 나와서 괜찮다고 말하는 선생님도 많다. 하지만 얼마 지나지 않아 그 동네 학교에서도 갑자기 올 서술형에 논술형 문제가 나올 수도 있다. 올 서술형과 논술형은 전국적으로 퍼지는 추세다. 올 서술형으로 나온다고 너무 놀라지 말고 미리미리 대비하는 게 좋다.

그렇다고 두 달 전에 대비한다고 학부모에게 말할 수는 없다. 그럼 그만두는 아이들이 속출한다. 그냥 시험 대비한다고 말하지 말고 시험 대비를 하면 된다. 대신에 문법과 영작만 수업해야 한다. 나머지는 숙제로 내주면 반발이 없다.

지방의 경우 아직도 시험에 서술형이나 외부 지문이 안 나오는 중학교들이 꽤 된다. 그런 곳은 시험 한 달 전에 대비해도 된다. 이런 학교는 시험 범위가 적고 서술형 문제가 안 나오는 대신 문법은 심화과정, 즉 어려운 문제가 나오므로 문법과 단어에 시간을 많이 할애해야 한다.

시험 대비 성적 급상승 8주 플랜

주	수업	숙제
1	• 시험 대비 문법 2~3개 과 개념 설명 • 간단한 문제 같이 풀기	• 녹음 : 2~3개 과 단어(3번), 교과서 해석(1번) • 문제풀이 : 상위권은 문법 관련 서술형 숙제
2	• 시험 대비 문법 2~3개 과 다시 개념 설명 • 간단한 문제 같이 풀기	• 녹음 : 2~3개 과 단어(3번), 교과서 해석(1번), 본문(3번) • 문제풀이 : 문제집 3권 모두 1과만 풀기(문법 문제, 서술형 제외) / 상위권은 문법 관련 서술형 숙제
3	• 2주 차와 동일	• 녹음 : 2~3개 과 단어(3번), 교과서 해석(1번), 본문(3번) • 문제풀이 : 문제집 3권 모두 2과만 풀기, 빈칸 넣기 2~3개 과, 1과 틀린 거 모두 다시 풀기
4	• 3주 차와 동일 • 그 반에서 점수 제일 높은 아이가 틀린 문제 순서대로 어려운 문제 함께 풀기	• 녹음 : 2~3개 과 단어(3번), 교과서 해석(1번), 본문(3번) • 문제풀이 : 문제집 3권 모두 3과만 풀기 / 빈칸 넣기 2~3개 과, 3개 과 문제 중 틀린 거 모두 한 번 더 풀기) / 1과와 2과 틀린 거 모두 다시 풀기
5	• 서술형 문제 주력(서술형 대비)+ 외부 지문(프린트) 어법과 내용 설명	• 녹음 : 2~3개 과 단어(3번), 교과서 해석(1번), 본문(3번) • 문제풀이 : 문제집 3권 모두 1과 틀린 거 다시 풀기 / 문법 문제, 서술형 문제, 영작(프린트) 문제, 빈칸 넣기 문제 매번 2~3개 과 1개씩
6	• 5주 차와 동일	• 녹음 : 2~3개 과 단어(3번), 교과서 해석(1번), 본문(3번)
7	• 6주 차와 동일	• 문제풀이 : 2과 틀린 거 다시 풀기 / 문법 문제, 서술형 문제, 영작(프린트) 문제, 빈칸 넣기 문제 매번 1개씩
8	• 시험 전날 하루 종일 족집게 강의(직전 보강) 무조건 해야 함! 안 하면 성적 뚝뚝 떨어짐!	• 녹음 : 2~3개 과 단어(3번), 교과서 해석(1번), 본문(3번) • 문제풀이 : 문제집 3권 모두 3과 틀린 거 다시 풀기 / 문법 문제, 마무리 예상문제와 기출문제, 학교별 기출문제(다음 주가 시험인 경우만), 빈칸 넣기 문제 매번 1개씩

시험 대비 성적 급상승 4주 플랜

부득이하게 8주간 시험 준비를 할 수 없는 경우에는 2주간 할 수 있는 수업을 1주간에 해야 하고, 숙제도 8주 플랜의 2배로 내줘야 한다. 사실 4주로는 90점대 이상의 상위권 아이들 외에는 시험 대비 시간이 많이 부족하다. 문법과 서술형 그리고 외부 지문까지 완벽히 대비하기는 거의 불가능하기 때문이다. 그러니 이 글을 읽는 시점이 시험 한 달 전이라면 지금 당장 시험 대비를 시작하기 바란다.

주	수업	숙제
1	• 시험 대비 문법 2~3개 과 개념 설명 복습 • 간단한 문제 같이 풀기 • 영작	• 녹음 : 2~3개 과 단어(5번), 교과서 해석(1번), 본문(3번) • 문제풀이 : 문제집 3권 모두 1과만 전부 풀기(문법 문제, 서술형 제외) / 상위권은 문법 관련 서술형 숙제
2	• 시험 대비 문법 2~3개 과 개념 설명 빠르게 반복 • 간단한 문제 같이 풀기+서술형 • 틀린 문제, 어려운 문제 같이 풀기(+외부 지문(프린트), 어법만)	• 녹음 : 2~3개 과 단어(5번), 교과서 해석(1번), 본문(3번), 빈칸 넣기 2~3개 과 • 문제풀이 : 문제집 3권 모두 2과만 풀기, 빈칸 넣기 2~3개 과, 1과 틀린 거 모두 다시 풀기
3	• 2주 차와 같음	• 녹음 : 2~3개 과 단어(5번), 교과서 해석(1번), 본문(3번) • 문제풀이 : 문제집 3권 모두 3과만 풀기, 빈칸 넣기 2~3개 과, 1과와 2과 틀린 거 다시 풀기
4	• 3주 차와 같음 • 마무리 작업 : 문법, 서술형 틀린 것들만 수업	• 녹음 : 2~3개 과 단어(5번), 교과서 해석(1번), 본문(3번) • 문제풀이 : 2~3개 과 처음부터 모두 다시 풀기, 빈칸 넣기 2~3개 과, 1번 이상 틀린 문제 다시 풀기
시험 전날	• 하루 종일 족집게 강의(직전 보강) 무조건 해야 함! 안 하면 성적 뚝뚝 떨어짐!	

시험 대비 공통사항

8주 플랜이든 4주 플랜이든 다음 세 가지를 명심해야 한다. 그래야 원하는 성적을 얻을 수 있다.

- 단어는 완벽하게 외울 때까지 계속 숙제를 내줘야 한다.
- 틀린 문제는 무조건 3번 이상 풀어야 실수를 안 한다.
- 외부 지문(프린트)도 교과서처럼 녹음을 통해 외우게 한다.

그리고 또 한 가지 명심해야 할 것이 있다. 성적을 올리는 것이 가장 우선이지만 학부모 관리에 신경 쓰지 않으면 문을 닫는 수가 생긴다! 시험 전에 학교별 기출문제 3~5개 보고 학부모한테 예상 점수 전화나 문자를 보내야 한다. 그리고 시험 후에는 아이들에게 시험지를 받아서 개별적으로 분석한 다음 학부모에게 상담 전화를 걸어야 한다. 시험지 보내달라는 문자에 답장이 없거나 핸드폰이 꺼진 애들은 십중팔구 성적이 떨어진 경우다. 이런 경우 상담 전화를 걸지 않으면 학원(공부방)을 그만둘 확률이 엄청 높아진다.

2장

편하게 수업하고
성적은 팍팍!

시험 때까지 영어 단어
안 잊어버리는 가장 쉬운 방법

실타래처럼 풀리지 않았던 숙제, 단어 암기!

공부방을 운영하던 초창기 때의 일이다. 50~60점대 아이들이 본문을 너무 못 외워서 공부방에 올 때마다 100번씩 쓰게 했다. 하지만 100번을 쓰게 해도 못 외워 본문 빈칸 문제를 절반도 못 맞혔다. 게다가 최하위권 아이들은 영어 단어도 제대로 읽지 못했다. 아랍어를 모르는 사람 눈에는 꼬불꼬불 생긴 아랍어가 마치 그림처럼 보이는 것과 마찬가지로 이런 아이들 눈에는 영어 단어도 그림 같아 보인다.

5~6년간 아이들을 지켜보면서 '이런 방식으로 해선 안 되겠다!'라는 생각이 들었다. 순간 나의 군대 말년 병장 시절이 영화필름처럼 머릿속을 지나갔다. 제대를 앞둔 두세 달 전, 제대 후 토익시험을 치르려고 수천 개의 단어와 숙어를 외웠다. 그런데 제대 후 한 달 만에 모조리 까먹는 바람에 허탈했던 기억이 떠올랐다. 나 역시 영어 단어를 못 외워 애를 먹었던 것이다.

영어 단어나 본문을 잘 못 외우는 아이들의 심정은 충분히 이해

했지만 더 많은 숙제를 내주는 것 외에 선생인 내가 해줄 수 있는 게 없었다. 그런데 10여 년 전쯤 이 문제를 해결하게 된 결정적인 사건이 있었다.

중3 상위권 여학생이 5월 초 중간고사 때 2문제를 틀려 그날로 바로 그만뒀다. 어법이나 어려운 문제에서 틀린 게 아니라 본문 빈칸 넣기 문제에서 2문제나 틀린 것이다. 시험을 보기 전 4월 말에 분명 내 앞에서 본문을 다 외웠었는데 게다가 상위권인 학생이 그런 문제를 틀렸다는 사실이 당혹스러웠다. 어쩌면 그 아이가 빈칸 넣기 2문제를 틀렸다는 것보다도 2문제 때문에 바로 그날로 그만뒀다는 사실이 더 충격이었을지도 모르겠다.

그 이후 몇 달 동안 '어떻게 하면 아이들의 머릿속에 영어 단어와 본문을 집어넣어 줄 수 있을까? 어떻게 하면 시험 때까지 안 잊어버리게 할 수 있을까?'라는 생각이 떠나질 않았다.

오랜 고민 끝에 바닥권 아이들을 대상으로 한 가지 실험을 해보기로 했다. 바닥권 아이들의 영어 실력은 초등학생과 별 다를 게 없다는 생각이 들어 예전에 초등학생들을 가르칠 때 사용했던 방법을 써보기로 했다. 영어 단어를 깜지 쓰기(종이가 꽉 차게 빼곡히 적는 것)를 하면서 외우는 게 아니라 녹음을 통해 외우게 하는 방법이었다. 초등학생들의 읽기 숙제 확인을 위해 읽으면서 녹음을 해오라고 했더니 아이들이 내용을 잘 외웠던 기억이 나 그걸 적용한 것이었다.

결과는 엄청났다. 아이들이 단어를 너무너무 잘 외우는 게 아닌가! 나도 놀라고 아이들도 놀랐다! 그렇게 안 외워지던 단어가 입에서 술술 나오다니! 믿기지가 않았다. 50개는커녕 20개도 못 외우던 바닥권 아이들이 일주일에 300개를 외웠다. 그리고 늘 20~30점을 맴돌던 아이가 그다음 시험에서 60점을 단숨에 넘어버렸다. 당시 그 성적을 받은 아이보다 내가 더 기뻐했었다. 그 아이뿐만 아니라 다른 아이들의 성적도 급상승했다.

소리 내어 녹음하면 오랫동안 잘 기억할 수 있다

영어 단어 암기 방식을 바꾸자 아이들의 영어 성적이 오르고, 영어 성적이 오르자 아이들이 더 열심히 공부하는 선순환이 계속되었다. 그러던 어느 날 인터넷을 검색하다 한 기사에 꽂혔다.

소리 내서 읽으면 읽은 내용이 더 잘 기억된다는 연구결과가 나왔다. 캐나다 워털루대학의 콜린 매클라우드 심리학 교수 연구팀이 95명을 대상으로 진행한 실험 결과 이 같은 사실이 밝혀졌다고 헬스데이 뉴스가 25일 보도했다.

연구팀은 이들에게 글로 쓰인 정보를 ▲ 소리 없이 읽기 ▲ 남이 읽어주는 것을 듣기 ▲ 자신이 읽어 녹음된 것을 듣기 ▲ 직접 소리 내어 읽기 등 4가지 방법을 통해 내용을 기억하게 하고 얼마나 잘 기억하는지를 테스트했다.

결과는 스스로 소리 내어 읽는 것이 기억 효과가 가장 큰 것으로 나타났다고 매클라우드 교수는 밝혔다. 이는 학습과 기억은 스스로의 적극적인 개입이 있어야 효과적으로 이루어진다는 사실을 확인하는 것이라고 그는 설명했다.

어떤 단어에 행동적 요소가 가해지면 장기기억에 보다 뚜렷이 저장돼 기억도 잘 된다고 그는 밝혔다. 매클라우드 교수는 앞서 글을 쓰거나 타이핑하는 것이 그 글에 대한 기억을 향상시키는 데 도움이 된다는 연구결과를 발표한 일이 있다.

- "소리 내 읽으면 기억 잘 된다", 연합뉴스, 2017. 12. 26.

나는 이 기사가 나오기 수년 전부터 아이들에게 영어 단어를 소리 내어 읽으면서 녹음하는 방식으로 단어와 본문을 외우게 했다. 이 기사에서 알 수 있듯이 직접 소리 내어 읽는 것이 가장 기억에 오래 남는다. 내가 이런 내용을 알고 녹음 학습법을 생각해낸 것은 아니었다. 이 기사를 읽으며 나의 티칭법에 대해 보다 확실한 자신감이 생겼다.

영어 단어가 구구단처럼
입에서 바로 튀어나온다고?

시간이 흐르면 잊어버리기 마련이다

독일의 심리학자 헤르만 에빙하우스(Herman Ebbinghaus)는 기억에 관해 최초로 실험적 연구를 한 사람이다. 1885년 그는 자연적인 망각에 대한 지수를 추정한 다음 망각곡선 가설을 주장했다. 이는 시간이 지남에 따라 기억이 남아 있는 감소의 정도를 말한다. 기억을 유지하려는 시도가 없을 때 정보가 시간이 지남에 따라 손실되는 정도를 보여준다. 새로운 지식이 의식적으로 학습한 지식을 복습하지 않는 한 내용이 반으로 줄어든다.

에빙하우스의 실험에서 알 수 있듯이 인간의 뇌는 1시간이 지나면 50% 이상을 망각하고, 하루가 지나면 거의 70%를 잊어버리게 되어 있다. 한 달이 지나면 80%를 잊어버린다. 이처럼 망각은 자연스러운 것이다. 다시 말해 한 번 외운 것은 시간이 흐르면 잊어버리기 마련이다.

그래서 다들 복습이 중요하다고 말한다. 1시간이 지나기 전에 빨리 복습하면 더 많이 기억할 수 있고, 한 주나 두 주 단위로 그 주에 공부했던 것을 복습하면 매우 잘 기억할 수 있다. 하지만 문제는 아이들이 복습을 하지 않는다는 것이고, 학원에서는 하루가 지나기 전에 복습을 시킬 수 없다. 결국 시험 때까지 계속 외워야 완벽하게 시험 문제를 맞힐 수 있다는 얘기다.

구구단처럼 입에 배게 한다

공부를 잘하는 아이든 못하는 아이든 다들 초등학교 저학년 때 노래를 부르듯 열심히 구구단을 외운다. 그래서 구구단을 외우지 못하는 아이는 없다. 또한 성인이 되어서도 그때 외운 구구단을 잊어버리지 않는다. 영어 단어도 구구단처럼 외우게 하면 영어 단어가 입에 붙어서 바로 튀어나온다. 녹음은 쓰기나 단순 암기에 비해 효과와 속도가 10배나 빠르다.

문제는 횟수였다. 여러 차례 실험해본 결과 한 단어당 최소 80번은 녹음해야 한다는 결론에 도달했다. 주 2회 수업할 경우 1회 녹음할 때 10번씩 하면 한 달(8회 수업) 뒤엔 80번 녹음하게 된다. 그러면 영어 단어가 구구단처럼 입에 배어 잊어버리지 않는다.

녹음 방식은 간단하다. 모르는 단어와 뜻을 각각 5번씩 녹음한다. 예를 들어 'conscious(컨셔스-의식 있는)'라는 단어의 뜻을 모르면 '컨셔스-의식 있는, 컨셔스-의식 있는, 컨셔스-의식 있는, 컨셔스-의식 있는, 컨셔스-의식 있는' 이런 식으로 5번씩 핸드폰에 녹음한다. 학습 속도가 더딘 아이나 영혼 없이 딴생각하면서 녹음하는 아이는 10번씩 시킨다. 이런 아이를 구분하는 방법은 간단하다. 단어 테스트를 했는데 절반도 못 맞히면 녹음할 때 딴생각을 하면서 앵무새처럼 읽었다는 얘기다.

깜지 쓰기에서 벗어나자

다 외웠다고 해도 시험 보기 전날까지 계속 녹음해야 한다. 그래야 실수를 안 한다. 아이가 시험에서 실수를 하면 학부모는 무조건 선생 탓이라 여긴다. 면전에서 이런 말을 하진 않지만 대부분의 학부모가 이런 마음을 가지고 있다.

'아이가 시험 때 실수할 걸 대비해서 실수 안 하게 밀 많이 연습시켰어야지!!'
'내가 그러라고 돈(회비) 준 거 아냐!!!'
'돈을 줬으면 돈값을 해야 할 거 아냐!!'
'아~놔~ 영어학원 또 옮겨야 하는 거임?'

네이버 카페 '성공비'에는 2014년부터 전국의 수만 명의 영어 선생님들과 원장님들이 내가 제시한 녹음 방법을 통해 학생들이 제일 싫어하는 단어 암기에서 해방되었다는 실천 후기가 넘쳐난다. 아이들이 영어 단어를 잊어버리는 건 당연하다는 것을 사실로 받아들이자. 구시대의 유물인 완전 주입식 암기나 깜지 쓰기는 더 이상 하지 말자. 남들이 하니깐 나도 그렇게 한다?

이제는 정말 바꿀 때가 됐다. 부디 이 글을 읽는 여러분의 학생들만이라도 단어와 본문 외우기란 고통에서 벗어나게 해주기 바란다.
단지 고통에서 벗어나는 것뿐만 아니라 '성적 급상승'이라는 행복을
맛보게 될 것이다.

영포자도 교과서 본문
술술 외울 수 있다

교과서 본문도 녹음하면 외워질까

녹음의 효과는 단어 외우기로 끝나지 않았다. 단어 외우기를 녹음 숙제로 대체한 후 엄청난 효과를 확인하면서 '과연 교과서 본문도 녹음하면 외워질까?'라는 궁금증이 생겼다. 가능하지 않을까 하는 쪽으로 마음이 기울면서 '밑져야 본전이지, 안 되면 외우게 시키면 되지. 한번 해보자'라며 본문 녹음을 시켜보았다.

그랬더니 거의 불가능에 가깝던, 초등 6학년보다 실력이 떨어지는 겨우 한두 개 맞혔던 4점, 8점짜리 영포자 아이들이 녹음으로 엄청난 양의 단어를 외우고 본문까지 술술 외워 지필고사에서 본문과 관련된 문제들 맞히는 게 아닌가! 그날 정말 내 인생에서 큰 획을 긋는 경이로운 결과를 보게 되었다. 녹음이라는 놀라운 방법을 찾게 해준, 앞서 언급한 그 아이를 만나게 된다면 상이라도 주고 싶은 심정이다.

이후 나는 아이들에게 단어뿐만 아니라 본문도 암기시키지 않게 되었다. 녹음의 놀라운 효과를 직접 확인한 아이들은 자연스레 녹음 숙제를 열심히 하고 있다.

본문뿐만 아니라 해석도 녹음하라

교과서 본문, 해석 수업은 모두 녹음으로 대체한다. 본문을 녹음하는 이유는 본문을 외워야 본문 내용 일치 문제나 빈칸 넣기, 문장이나 문단 배열, 숙어 또는 문장이나 문단 삽입 등의 문제를 모두 맞힐 수 있기 때문이다. 해석을 따로 녹음시키는 이유는 수업 시간에 교과서 본문을 수업하지 않기 위함이다. 본문 수업을 하면 시험 대비와 선행할 시간이 부족해진다. 그리고 아이들에게 본문 문제를 풀리게 하기 위함이다.

이때 영어 본문 따로 한국말 해석 따로 녹음시켜도 된다. 중등은 고등과 달리 본문 내용이 초등 교과서 수준으로 쉽다. 그래서 본문 해석을 3~5번 정도 녹음하면 웬만한 바닥권 아이들도 내용을 저절로 이해하게 된다. 내용이 어느 정도 숙지된 상태에서 영어 본문만 하루에 3~5번 녹음시키고 시험 볼 때까지 100번 이상 녹음하게 한다. 물론 잘하는 아이는 하루에 녹음하는 횟수를 1~2번으로 줄여주기도 하지만, 시험 보기 전날까지 녹음해야 시험 볼 때 실수를 하지 않는다.

구체적인 방법은 다음과 같다.

해석 녹음

본문 해석지를 나누어준 다음 시험 범위 전부를 녹음하게 한다.

월요일 1번, 수요일 1번, 금요일 2번 하게 해서 일주일에 4번 시키고 총 10번까지 한다.

본문 녹음

영어 지문만 녹음한다. 월요일 3번, 수요일 3번, 금요일 4번 하게 해서 일주일에 10번 시키고 총 100번 이상 녹음하게 한다. 이해력이 떨어지는 아이나 영혼 없이 숙제하는 아이는 숙제량을 2배로 내준다.

주의할 점

본문과 해석을 녹음할 때 영어 문장 한 번 읽고 해석 한 번 읽는 것은 하면 안 된다. 물론 이렇게 하면 실력이 좋아지긴 하지만 시간이 너무 오래 걸려서 시험 대비를 제대로 할 수 없고, 무엇보다도 애들이 싫어한다. 어떻게 하면 '애들을 노가다(깜지 쓰기, 주구장창 문제만 풀게 하기) 시킬까'보다는 어떻게 하면 숙제를 조금 하면서 실력을 팍팍 올릴 수 있는지만 고민하자. 짧고 빠르게 그리고 성적을 올려주기만 하면 된다.

교과서 다 달라도
한 교실에서 수업하려면

학교별 공통 문법과 영작 중심으로

한 동네에 학교가 여러 군데다 보니 한 교실에서 수업하는 아이들의 교과서가 다 달라서 어떻게 수업을 해야 할지 고민인 선생님들이 많다. 문제 해결책은 의외로 간단하다. 모든 아이들의 시험 범위에 들어가는 공통된 문법과 영작 중심으로 수업하는 것이다. 공통된 문법 사항은 디테일하게, 공통되지 않은 문법 사항은 가볍게 설명하고, 개별적으로 문법 문제와 영작을 숙제로 내주면 된다.

다른 학교 교과서에 나오는 문법을 가르친다고 해서 "왜 시험에 안 들어가는 문법 수업을 하나요?"라고 딴죽 거는 아이는 없다. 아이들은 그냥 선행한다고 생각하기 때문에 걱정 안 해도 된다. 20년 동안 아이들을 가르쳐왔지만 그런 질문을 하는 아이는 한 명도 없었다. 만에 하나 수업할 때 혹시라도 딴죽 거는 까칠한 상위권 아이가 있다면 "어차피 너도 다음 시험에 이 문법이 나오기 때문에 미리 배워야 돼"라고 말하면 된다.

학기 중에는 시험 대비에 올인하라

한 반에 모인 학생들이 다섯 명인데 다니는 학교가 모두 다른 경우 어떻게 수업을 해야 하는지 예를 들어 살펴보겠다. 동네에 아무리 중학교가 많아도 한 반에 5개 학교 이상의 아이들이 함께 수업을 듣는 경우는 극히 드물다. 이런 경우 가장 먼저 할 일은 각 학생들의 시험 범위에 포함된 문법 사항을 정리하는 것이다.

- A학생 : to부정사(부사적), 수동태(과거), 간접의문문, 관계대명사(who)
- B학생 : 가정법 과거, 관계대명사(which), 현재완료(경험), 분사구문
- C학생 : 동명사, 가정법 과거완료, 수동태(미래), It is~ that 강조구문
- D학생 : 관계대명사(that), 수동태(조동사), to부정사(형용사적), 부가의문문
- E학생 : 관계대명사(whose), 현재완료(계속), 지각동사, 사역동사, 비교급 강조

그다음 할 일은 겹치는 부분을 찾아 순위를 매기는 것이다.

- 1순위 : 관계대명사 4명
- 2순위 : 수동태 3명
- 3순위 : to부정사 2명

• 4순위 : 현재완료 2명, 가정법 2명

    순위를 매기는 이유는 어렵고 굵직굵직한 문법들만 수업 시간에 설명해주기 위함이다. 겹치지 않는 그다지 중요하지 않은 문법들, 예를 들면 분사구문, 강조구문, 부가의문문, 비교급 강조 등은 가볍게 10분 정도만 설명하면 된다. 그리고 한 명의 시험 범위에 들어가는 문법은 다른 아이들이 문제 풀 때 따로 해당하는 아이만 개별적으로 잠깐 설명해준다. 그다지 중요하지 않은 문법이나 한 명을 위해 시간을 쓰면 보다 중요한 문법 사항들을 설명해줄 시간이 적어지거나 놓치게 돼서 시험을 망칠 수도 있다.

    순위별로 시간을 더 많이 할애해서 문법 설명과 문제풀이, 영작을 해줘야 한다. 시험에 들어가지 않는 문법 파트는 당연히 문법 문제나 영작 숙제를 내줄 필요가 없다.

    성적이 떨어지면 학생이 이탈하기 마련이다. 그러니 명심해야 한다. 우리는 영어 실력이 아니라 영어 성적을 올려줘야 한다! 그러려면 학기 중에는 시험 대비가 최우선이다. 문법 전체를 다 가르칠 필요도 가르칠 수도 없다. 그런데도 많은 선생님들이 문법 설명하느라 성적을 올릴 귀중한 시간을 허비한다. 문법은 방학 때 제대로 가르치면 되니 제발 욕심을 버려라.

교과서 수업은
하지 않는다

차라리 문법 설명에 힘을 쏟아라

1년에 두 번 올 서술형 문제가 나오는데, 학부모들은 자꾸 선행만 해달라고 하니 너무 답답했다. 10문제 중 9문제는 서술형이고, 1문제는 배점이 15~20점이나 되는 논술형이었다. 선행을 안 하고 시험 대비를 해주면 다른 곳으로 옮겨버리고, 그렇다고 시험 대비를 한 달 전에 하자니 성적이 잘 나올 것 같지 않아 걱정이었다. 대부분의 학부모는 성적이 조금이라도 떨어지면 득달같이 그만둔다.

어떻게 해결해야 할지 몇 달 동안 고민한 끝에 과감하게 교과서 수업은 하지 않기로 했다. 대신 1과당 기출문제 100문제, 예상문제 200문제를 숙제로 내줬다. 본인이 직접 채점하게 하고, 틀린 문제에 대한 설명도 해주지 않았다. 교과서 본문을 보고 풀 수 있는 문제들만 뽑아줬으므로 본문 빈칸 문제 틀린 것에 대한 설명은 무의미하기 때문이다.

그럴 시간에 차라리 문법 설명을 좀 더 해주는 게 훨씬 낫다. 수업 시간에는 시험 범위에 해당하는 문법과 영작, 외부 지문만 열심히 가르쳤다. 그리고 숙제로 교과서 본문과 해석을 녹음해오라고 시켰다.

20년 경력인 나 황성공과 전국의 수많은 영어 선생님들을 통해 검증된 방법이니 한 번만이라도 실천해보기 바란다. 녹음 숙제만으로도 영포자 아이들이 본문 문제를 90% 이상 맞힌다. (부록편에 얼마나 많은 선생님들이 녹음 숙제로 편하게 시험 대비를 하고 있는지, 얼마나 놀랍게 성적이 향상되었는지 생생한 후기가 있으니 참고하기 바란다.)

아무래도 불안해서 교과서 수업을 조금이라도 하고 싶다면, 교과서 지문 해석만 해주기 바란다. 시험 한 달 전에 가볍게 돌아가면서 개별적으로 알려주면 된다.

어법과 숙어는 단순 암기다

교과서에 나오는 어법이나 숙어는 사실 문법이라고 말할 수 없다. 그냥 외우기만 하면 되므로 선생님은 정리만 해주고 외우는 건 개별 숙제로 내준다. 아니면 보충시간이나 자습시간에 알려주고 외우라고 시킨다.

어법과 숙어도 그냥 외우라고만 하면 시험 때 까먹으니, 시험 때까지 100번 녹음을 시킨다. 평소 80점 이상을 받는 중상위권과 상위권은 녹음과 함께 쓰기도 시킨다.

예를 들면 시험 범위에 문법 타이틀로 'don't have to'가 나왔다면 조동사에 대해 설명해주는 게 아니라, 시험에는 동의어나 반대어가 나오니 이것들을 알려주고 외우라고 하면 된다. can, will, may 이런 조동사까지 설명해줄 필요는 없다.

> don't have to(~할 필요 없다)
> 동의어) don't need to = need not
> 반대어) must(~해야 한다) = have to = ought to = should

이렇게 칠판에 적어주든가 그냥 해당 아이 공책에 따로 적어주고, 5번 쓰고 10번 녹음 숙제로 내준다. 다 외우더라도 무조건 시험 보기 전날까지 녹음과 쓰기 숙제를 내줘야 한다. 반드시 지켜야 한다. 쓰기 숙제를 내주는 게 그다지 탐탁지 않지만 영작 문제를 맞히기 위해 어쩔 수 없이 시킨다. 예를 들어 3과 문법 타이틀에 가정법 과거가 나오면 100% 서술형 문제로 나오기 때문에 영작 문제를 숙제로 내줘야 한다. 영작을 하려면 써야 하므로 쓰기 연습을 해야 틀리지 않는다.

무조건 쉽게 가르쳐라

문법이나 어법을 설명할 때 주의사항이 있다. 무조건 쉽게 가르쳐야 한다는 것이다. 아이들이 영어 수업에서 제일 힘들어하는 게 문법 수업이다. 잠시 문법을 처음 배우는 학생과 선생님의 속마음을 들어보자.

만수 : 하나도 못 알아듣겠네ㅠㅠ 한국말 맞아?

선생님 : 만수야, 문법은 처음이지?^^ 문법은 원래 어려운 거라서, 몇 번 반복해서 들어야 해. 너도 때가 되면 모두 알아들을 거야~

명문대 출신이나 영문학과를 나왔다고 잘 가르칠 수 있을 거라고 생각하면 오판이다. 내가 많이 아는 것하고 아이들에게 쉽게 가르치는 건 다른 영역이다. 초등학교 3학년한테도 중고등 문법을 한두 번 설명해 쉽게 알아들을 수 있게 만들어야 실력 있는 선생님이다. 문법을 쉽고 가볍게 설명해줄 수 없다면 여기저기 잘나가는 선생님들에게서 배워야 한다. 문법을 아직도 80~90년대처럼 가르치는 분들을 보면 정말 너무 답답하다. 시대가 바뀌면 나도 바뀌어야 한다.

방학은 수년 치 과정을
돌릴 수 있는 절호의 기회

시험 대비는 두 달 전에, 선행은 방학 때

8년 전인가, 영어 선생님들이 모인 한 카페에서 시험 대비는 시험 보기 얼마 전부터 해야 하냐고 물어보는 초보 선생님의 글을 봤다. 댓글로 "시험 대비는 항상 두 달 전에 시작해야 한다"라고 썼더니 어떤 선생님이 "그럼 선행은 언제 합니까!!!!"라고 내 글에 항의 댓글을 달았다. 초보 선생님이거나 경력이 길다 해도 고정관념에 사로잡힌 선생님처럼 보였다.

선행은 방학 때 빡세게 해야 한다. 학기 중에는 선행한 과정을 복습하는 시기다. 나는 여름방학, 겨울방학 때 선행을 미친 듯이 시킨다. 여름방학 때는 한 달 동안 최소 1년 치 과정, 겨울방학 때는 2~3년 치 과정을 일주일(3일)에 한 바퀴씩 돌린다.

방학 때 미리 문법과 영작 몇 년 치를 선행해버리니, 학기 중에는 복습만 하면 된다. 방학 때 미리 시험 대비를 했으니 실제 시험 기간에 수업하기도 편하고 아이들이 공부하기도 수월하다. 학생들이나 학부모들한테 시험 대비한다고 말하지 않고 시험 대비를 한 셈이다. 방학 때 열심히 했으니 성적 또한 잘 나올 수밖에 없다. 방학 때는 기초, 기본, 상위(최상위) 등 3~4개 레벨로 나누어 두 타임으로 수업한다.

반드시 알아두어야 할 교과서별 문법 사항

방학 때 문법 선행을 하려면 각 학년별로 어떤 내용을 배우는지 미리 파악해두어야 한다. 해마다 조금씩 바뀔 수는 있지만 기본적인 방향은 거의 비슷하니 각 학년 교과서별 문법 사항을 미리 파악해두면 도움이 될 것이다.

그리고 학교마다 교과서가 다르니 내가 가르치는 아이 학교의 교과서 내용뿐만 아니라 다른 학교에서 사용하는 교과서 내용도 파악해두는 게 좋다. 다음 페이지에 중1~3 12개 교과서 1년 치 내용을 정리해두었다.

	1과	2과	3과	4과
능률 (김성곤)	be동사 일반동사	현재진행 can, will	동명사 과거시제	4형식 수여동사 to부정사 (명사적 용법)
능률 (양형권)	동명사	be going to to부정사 (명사적 용법)	must 접속사 that	감탄문 to부정사 (부사적 용법)
천재 (이재영)	be동사	일반동사	현재진행 / will	there is, are~ can
천재 (정사열)	일반동사 will	현재진행 to부정사 (명사적 용법)	부가의문문 과거시제	4형식 수여동사 to부정사 (부사적 용법)
두산동아 (윤정미)	be동사 일반동사	현재진행 의문문	명령문 / can, will	there is, are~ 과거시제
두산동아 (이병민)	be동사 일반동사	명령문 / 감탄문 현재진행	의문문 can	재귀대명사 과거시제
ymm시사 (박준언)	be동사	일반동사	감각동사 과거시제	will / can
ybm시사 (송미정)	be동사	일반동사	there is, are~ can	과거시제 will
비상 (김진완)	be동사 일반동사	현재진행 명령문	감각동사 과거시제	4형식 수여동사 will
미래엔 (최연희)	be동사 일반동사	현재진행 / can	there is, are~ 동명사	시제 (과거, 미래)
지학사 (민찬규)	시제 (현재, 과거, 미래)	현재진행 명령문	to부정사 (명사적, 형용사적 용법)	when / should
금성 (최인철)	일반동사	현재진행, 조동사 전부	과거시제 감탄문	4형식 수여동사 when

	5과	6과	7과	8과
능률 (김성곤)	비교급, 최상급 접속사 that	when to부정사 (부사적 용법)	5형식 감탄문제	없음
능률 (양형권)	and / when	too~to 4형식 수여동사	부가의문문 과거진행	one / 최상급
천재 (이재영)	동명사 과거시제	to부정사 (부사적 용법) should	to부정사 (부사적 용법) when	비교급 4형식 수여동사
천재 (정사열)	and / when	동명사 / must	최상급 / 과거진행	감탄문 / when
두산동아 (윤정미)	동명사 과거시제	to부정사 (명사적 용법) 감각동사	be going to 비교급, 최상급	접속사 that부사 절(시간)
두산동아 (이병민)	재귀대명사 비교급 원급	to부정사 (명사적 용법) when	수여동사 / have to	비교급 / 동명사
ymm시사 (박준언)	비인칭 it 동명사	비교급 / 동명사	부가의문문 because	5형식 / when
ybm시사 (송미정)	will / a few	명령문 / when	비교급 / because	감탄문 4형식 수여동사
비상 (김진완)	비교급, 최상급	to부정사 (명사적 용법) 부가의문문	to부정사 (부사적 용법) 접속사 that	동명사 / when
미래엔 (최연희)	be going to	to부정사 (부사적 용법) 접속사 that 4형식 수여동사	should / have to	없음
지학사 (민찬규)	to부정사 (부사적 용법) 부가의문문	비교급, 최상급	접속사 that 4형식 수여동사	없음
금성 (최인철)	to부정사 (명사적 용법) 빈도부사	to부정사 (부사적 용법) 접속사 that	4형식 / 5형식	비교급, 최상급 동명사

| 2022년 중2 영어 전 교과서별 문법 사항 정리표 |

	1과	2과	3과	4과
능률 (김성곤)	동명사 / 감각동사	주격 관계대명사 / 빈도부사	현재완료 / so~that	수동태 / 비교급 강조
능률 (양형권)	Which 의문문 / 재귀대명사	수동태 / not only~but also	가주어 it / enough to	현재완료 / so that
천재 (이재영)	주격관계사 / if	목적격 관계사 / 의문사+to부정사	to부정사 가주어 it / to부정사 형용사	수동태 / as~as
천재 (정사열)	to부정사 형용사 용법 / 접속사 that	접속사 if / 지각동사	현재완료 / though	관계주격·목적격 / 관계사 생략
두산동아 (윤정미)	수여동사 / both A and B	have to / to부정사의 부사적 용법	to부정사 5형식 / 수동태	주격 관계대명사 / 접속사 if
두산동아 (이병민)	to부정사 / 명령문, and / or	현재완료 / 5형식 to부정사	수동태 / 접속사 if	주격 관계대명사 / 최상급
ymm시사 (박준언)	to부정사 형용사 용법 / 접속사 that	의문사+ to부정사 / as~as	사역동사 / if	주격 관계대명사 / ~thing+형용사
ybm시사 (송미정)	최상급 / to부정사 부사	t o부정사 형용사적 용법 / 사역동사	의문사+to부정사 / 주격 관계대명사	현재완료 / if
비상 (김진완)	동명사 / 5형식	If / 5형식 to부정사	수동태 / to부정사의 형용사	주격 관계대명사 / 지각동사
미래엔 (최연희)	주격 관계대명사 / while, after	현재완료 / each+단수명사+ 단수동사	to부정사형용사 / 가주어 it	목적격 관계사 / so~that
지학사 (민찬규)	One~ The other~/ If	의문사+ to부정사 / 주격 관계사	목적격 관계사 / to 부정사 5형식	현재완료 / to부정사 형용사
금성 (최인철)	if 조건 / 부가의문문	의문사+ to부정사 / so that	to부정사의 형용사 용법 / 동사의 강조	간접의문문 / 수동태

	5과	6과	7과	8과	9과
능률 (김성곤)	목적격 관계대명사 / 과거분사	가주어 it / 간접의문문	5형식 to부정사 / if	enough to / too~to	
능률 (양형권)	주격 관계대명사 / had better	간접의문문 / here+동사+ 일반명사	to부정사의 형용사적 용법 / must	to부정사 5형식 / a few, few	
천재 (이재영)	to부정사 5형식 / before와 after	사역동사 / too~to	현재완료 / 분사	최상급 / 간접의문문	
천재 (정사열)	의문사+ to부정사 / 5형식 문장	a few / 수동태	현재분사 / to부정사 가주어 It	so~that … can't / 사역동사	
두산동아 (윤정미)	목적격 관계대명사 / call A B	지각동사 / so~that	현재완료 / to부정사 가주어	간접의문문 / because of	
두산동아 (이병민)	가주어 it / 지각동사	as~asd / although	so~that / 목적격 관계대명사	something+ 형용사 / 간접의문문	
ymm시사 (박준언)	수동태 / so~that	to부정사 형용사 용법 / not only~ but also	5형식 to부정사 / 목적격 관계대명사	현재완료 / 조동사 may	
ybm시사 (송미정)	부가 의문문 / 수동태	so~that / 목적격 관계대명사	지각동사 / 가주어 it	5형식 to부정사 / 현재분사	관계부사/ 간접의문문
비상 (김진완)	현재완료 / 목적격 관계대명사	to부정사 가주어it / 원급 비교	사역동사 / 간접의문문	so~that~can't / 분사	
미래엔 (최연희)	접속사 if / as~as	수동태 / something / someone+ 형용사	5형식 동사 / 사역동사	지각동사 / tell / want / ask+목적어+ to부정사	
지학사 (민찬규)	과거 수동 / 조동사 수동태	so that / as~as	가주어, 진주어 / How come~	사역동사 / Although	
금성 (최인철)	enough to / 현재완료	주격 관계사 / to부정사 가주어	목적격 관계사 / 관계대명사 what	too~to / 가정법 과거	

	1과	2과	3과	4과
능률 (김성곤)	현재완료진행형 / 관계사 what	관계사 계속적 용법 / 분사	과거완료형 / 부사절 접속사	접속사 if / whether
능률 (양형권)	동명사 / 5형식	It~that 강조 구문 / 5형식 문장	관계대명사what / 사역동사 make	과거완료 / 분사구문
천재 (이재영)	관계사 what / 지각동사	분사 / since, though	현재완료진행 / so~that	관계부사 / whether(if)
천재 (정사열)	간접의문문 / 관계사의 계속적 용법	과거 완료 / 비교급 강조	enough to~ / not only~but also	분사구문 / 관계대명사 what
두산동아 (윤정미)	whether(if) / to부정사 형용사적 용법	사역동사 / so that	관계대명사의 계속적 용법 / It~that	현재완료 진행형 / 의문사+ to부정사
두산동아 (이병민)	to부정사 의미상의 주어 / 관계사 what	주어와 동사의 수 일치 / 조동사 수동태	사역동사 / It~that 강조	the+비교급~, the+비교급 / since
ymm시사 (박준언)	강조의 do / 관계대명사 what	현재완료진행형 / 현재분사	It is~that 강조구문 / 5형식 과거분사	to부정사 의미상 주어 / 가정법 과거
ybm시사 (송미정)	too ~to / to부정사 부정	분사구문 / 접속사 if	the +비교급, the+ 비교급 / It~that 강조	although / seem to~
비상 (김진완)	관계대명사 what / 관계부사	to부정사의 의미상 주어 / 현재완료 진행	접속사 if / 과거완료	분사 / to부정사 가목적어, 진목적어
미래엔 (최연희)	관계사 what / although	It~that 강조구문 / 관계사 계속적 용법	관계대명사 생략 / 강조의 do	과거완료 / 간접의문문
지학사 (민찬규)	관계사 what / 지각동사	to부정사 의미상 주 어 / 현재분사	not only~but also~/ 간접의문문	과거완료 / to부정사-형용사
금성 (최인철)	사역동사 / 동명사의 관용 표현	the+ 비교급, the + 비교급 / to부정사 의미상 주어	not only~but also~/ I wish+ 가정법 과거	과거완료 / as~as

	5과	6과	7과	8과	9과
능률 (김성곤)	to부정사 의미상 주어 / 관계부사	the + 비교급, the + 비교급 / 분사구문	가정법 과거 / so that	없음	없음
능률 (양형권)	의문사+to부정사 / The + 비교급, the + 비교급	직접, 간접화법 / 지각동사	가정법 과거 / so that	없음	없음
천재 (이재영)	과거완료 / It~ that 강조구문	to부정사 의미상 주어 / 가정법 과거	분사구문 / 조동사수동태	조동사+have p.p. / 관계대명사 계속적 용법	없음
천재 (정사열)	가정법 과거 / 관계대명사 whose	the+비교급, the+ 비교급 / It is~that 강조구문	간접화법 / if(~인지 아닌지)	부정대명사 / 5형식 to부정사	없음
두산동아 (윤정미)	현재분사 / as~as	과거 완료 / 관계대명사 what	분사구문 / 접속사 as	to부정사의 의미상 주어 / 가정법 과거	없음
두산동아 (이병민)	가정법 과거 / 의문사+to부정사	so that / enough to~	소유격 관계대명사 / 시간 접속사	분사구문 / 과거완료	없음
ymm시사 (박준언)	과거완료 / so that	관계대명사의 계속적 용법 / 형용사+to부정사	관계부사 how / the+비교급~, the+비교급	분사구문 / worth~ing	I wish 가정법 과거/ 간접 의문문
ybm시사 (송미정)	관계사 what / 현재완료진행형	as~as / 과거완료	가정법 과거 / so that~can	not only A but also B / while	없음
비상 (김진완)	분사구문 / so that~can	It~that 강조 / have+목적어+ 과거 분사	접속사 as / 수의 일치	가정법 과거 / with+명사+ 분사	없음
미래엔 (최연희)	분사구문 / not only A but also B	관계 부사 / however, thus	소유격 관계사 whose / 가정법 과거	없음	없음
지학사 (민찬규)	부정대명사 one / 분사구문	It is~that 강조 구문 however	가정법 과거 / 5형식 구문	too~to / No one	없음
금성 (최인철)	to부정사의 의미상 주어 / 관계부사	the + 비교급~, the + 비교급 / 분사구문	가정법 과거	없음	없음

3장

잔소리 안 하고 숙제
잘하게 만드는 노하우

아이들 말 곧이곧대로
믿다가 큰일난다

아이들은 항상 체크가 필요하다

아이들은 수업이 끝나고 남아서 숙제를 하거나 보충하는 걸 엄청 싫어한다. 그래서 어떻게든 안 남으려고 갖가지 핑계를 댄다. 이럴 때 엄마한테 확인해본다고 하면 거짓말한 아이들은 대개 그냥 남는다고 말한다. 하지만 잔머리를 잘 굴리는 아이들은 선생님이 확인하기 곤란한 핑계를 댄다.

"수학 보충하러 가야 해요."
"오늘은 다 같이 외식을 하기로 해서 집에 얼른 가야 해요."

수학 보충하러 간다고 하니 수학 선생님한테 전화를 걸어서 사실인지 아닌지 확인할 수가 없다. 더욱이 집에서 외식한다고 빨리 오라고 했는데, 정말 오늘 외식하는 게 맞는지 학부모에게 전화해서 확인하기도 껄끄럽다. 아이를 못 믿는 것 같은 인상을 주어 학부모에게 괜한 오해를 살 수도 있을 것 같아서 심증은 가지만 확인은 하지 않았다.

더욱이 한 달에 한 번씩 집에서 외식한다고 매달 마지막 금요일마다 일찍 가는 고1 지훈이는 숙제도 열심히 하고 공부도 열심히 하는 모범생이어서 그 아이를 믿었던 게 화근이었다. 전화 상담만 가끔 하던 지훈이 엄마가 어느 날 회비를 내겠다며 학원으로 찾아왔다. 사실 학부모가 학원이나 공부방에 찾아오는 이유는 회비를 결제하러 오는 것보다 선생님이 상담 전화를 자주 안 하니 아이가 공부를 잘하고 있는지, 별 문제는 없는지 궁금해서 오는 것이다.

"어머님, 지훈이는 집에서 외식을 자주 하나 봐요? 거의 한 달에 한 번은 하는 것 같던데…."
"네? 무슨 말씀이신지…."
"아~ 지훈이가 한 달에 한 번은 꼭 집에서 외식한다고 하면서 그날은 수업을 한 시간밖에 안 하고 가서요."

그러자 지훈이 엄마는 화들짝 놀라면서 이렇게 말했다.

"네? 저희 집은 외식이란 건 한 번도 해본 적이 없어요! 그런 일이 있었으면 진작에 전화를 주셨어야죠!"

가는 날이 장날이라고 했던가, 회비 결제하러 왔던 지훈이 엄마는 화가 나 문을 쾅 닫고 나가버렸고, 그날 이후 모범생 지훈이를 더 이상 볼 수 없었다. 정말 큰 해머로 뒤통수를 맞은 느낌이었다. 게다가 6개월 동안이나 속았다는 사실에 더 충격을 받았다.

공부 잘하는 아이도 땡땡이 치고 싶어 한다

비단 지훈이뿐만이 아니었다. 외고를 대비하는 중1 모범생 준혁이를 가르칠 때였다. 준혁이는 공부를 반에서 1~2등 하고, 숙제도 열심히 하고 성격도 좋았다. 그리고 무엇보다도 나를 너무 잘 따랐다. 그런데 시험만 끝나면 수행평가를 해야 한다며 일주일씩 공부방에 안 왔다.

"선생님, 이번 달까지 수행평가를 마무리해야 하는데, 시험 기간이라 준비를 못했어요. 시험 끝나면 다음 주 일주일은 친구들이랑 수행평가 준비해야 하니까 일주일만 빠질게요."
"수행평가가 몇 개인데 일주일이나 빠진다는 거니?"
"국어랑 역사랑 과학이랑 대충 3~4개 되는 거 같아요. 역사는 박물관에 가야 하고, 과학은 같은 팀 아이들이랑 모여서 리포터 만들어서 제출해야 해요."

같은 반 아이들과 수행평가를 한다니까, 아이 친구들에게 전화를 해보기도 뭣하다. 게다가 나를 잘 따랐으므로 준혁이가 내게 거짓말을 하리라고는 꿈속에서도 상상하지 못했다.
그런데 고등학교에 입학하면서 공부방을 그만두며 준혁이는 내게 놀라운 사실을 말해줬다.

"선생님, 이제 와서 알려드리는 건데, 사실 수행 평가한다고 일주일씩 빠졌던 거 다 뻥이에요. 우리도 놀 시간이 필요하잖아요."

그때도 정말 충격을 받았다. 준혁이의 거짓말에 3년 내내 속아왔던 것이다. 다행히도 성적이 항상 90점 이상 나와서 준혁이 엄마는 전적으로 나를 믿어줬으므로 그만두지는 않았다. 100% 믿었던 학생이어서 순간 너무 많이 놀랐지만, 집에 오면서 생각해보니 나의 학창 시절이 떠올라 입가에 절로 미소가 지어졌다. 중학교 때 일요일마다 집 근처에 있는 도서관에 갔다 오겠다고 하곤 친구랑 하루 종일 오락실에서 게임하다 온 일, 고등학교 때 시험이 다 끝났는데, 하루 더 남았다고 하곤 만화방에서 10시까지 만화보고 집에 온 일 등등. 이 글을 읽는 선생님들도 학창 시절에 한 번쯤은 땡땡이를 쳐본 적이 있을 것이다. 핸드폰은 물론 삐삐도 없던 나의 학창 시절이 요즘 학생들보다는 훨씬 자유로웠던 것 같다.

핑계 대고 가는 아이는 정말 그 핑계가 진짜인지 아닌지 엄마한테 전화해서 확인한다고 얘기하고 바로 확인하는 게 상책이다. 거짓말이면 못 가게 하고, 사실이면 보충 날짜를 잡으면 된다.

보상이 숙제를
즐겁게 만든다

숙제 안 해오는 아이들을 위한 보상제도 도입

올 때마다 매번 단어 100개씩 외우게 하고, 테스트 통과 못한다고 아이들을 남기지 말기 바란다. 공부방이나 학원 수업 후 친구들은 다 집에 가는데 혼자 남아서 숙제하고 가는 걸 좋아하는 아이는 없다. 어른도 아이도 숙제는 항상 너무 하기 싫은 일 중의 하나다. 숙제를 안 해왔다고 해도, 한두 번 정도는 당연히 봐줘야 한다.

그런데 숙제를 전혀 안 해오면서 막무가내로 그냥 가버리는 애들도 있다. 이런 애들은 어떻게 관리해야 할까? 숙제 안 해온다고 그만두게 할 수는 없는 노릇이고, 그렇다고 숙제를 안 내줄 수도 없고…. 타일러도 안 되고, 야단을 쳐도 안 되고 어떻게 하면 숙제를 해오게 할까 무척 고민이 되었다.

영어 단어를 못 외우는 아이들을 위해 초등학생들에게 시켰던 녹음 숙제를 중학생에게 내줘 영어 단어 문제를 해결했던 것처럼, 고민 끝에 좀 유치한 방법을 사용해보기로 했다. 초등학생의 경우 숙제를 열심히 해오면 스티커와 상품을 주었는데 중학생들에게도 이런 보상제도를 도입한 것이다. 스티커가 초등학생 느낌이라서 스티커 대신 쿠폰을 만들었고, 거기에 도장을 찍어주었다.

숙제를 100% 해올 때마다 (숙제량에 따라) 도장을 1~2개 찍어주었고, 1년에 4번 지필고사 점수가 10점만 올라도 (난이도에 따라) 3~4개씩 찍어주었다. 모인 도장 개수에 따라 다음과 같은 상품을 내걸었다. 물론 꼭 다음 예시처럼 할 필요는 없다. 본인의 형편과 상황에 맞게 상품을 준비하면 된다.

도장	10개	20개	30개	50개	70개	100개	200개
상품	문화상품권 5천 원	문화상품권 1만 원	문화상품권 5만 원	문화상품권 10만 원	최신형 태블릿PC	핸드폰 또는 장학금 50만 원	최신형 노트북 또는 장학금 100만 원

스스로 공부하게 만들다

'이 방법이 과연 먹힐까, 이 방법도 안 먹히면 또 어떤 방법을 찾아야 하나' 기대 반 걱정 반으로 시작했는데 반응은 가히 폭발적이었다. 숙제를 1년 동안 한 번도 안 해오던 아이가 갑자기 숙제를 해오기 시작했고, 보충을 한 번도 오지 않던 아이들도 도장을 모아서 상품을 받아야 한다며 보충수업에 와서 정말 열심히 공부를 하기 시작했다.

고등학생은 유치하다고 안 하지만, 아직까지 순진한 중학생들에게는 보상제도가 잘 먹힌다. 보상제도를 실시한 이후부턴 숙제를 안 했을 때, 성적이 떨어졌을 때, 단어나 영작 테스트를 잘 못 봤을 때도 벌을 줄 필요가 없었다. 잘 본 아이들, 열심히 한 아이들에게 "철수, 공부하느라 수고 많이 했어!" 하면서 상품을 주니, 그 상품이 부러워서 숙제를 전혀 안 해오던 아이들도 스스로 열심히 공부를 하게 되었다. 나는 아이들이 마치 서울대 들어간 것처럼 기뻤다.

사춘기 중학교 아이들은 고등학생들처럼 공부를 해야 하는 이유를 모른다. 아직 비평준화인 지역도 있지만, 대부분 고교 평준화라서 공부를 열심히 안 해도 고등학교는 갈 수 있고, 중학생들에게 대학교는 먼 나라 이야기처럼 들린다. 그래서 공부에 대해서 동기부여를 해줄 만한 게 거의 없다. 의욕이 없으니 수업을 들어도 딴생각을 하거나, 숙제를 해도 글씨를 거의 알아보기 힘들 정도로 베끼기에 급급하다.

보상품

보상은 항상 아이들이 좋아할 만한 걸로 선정하라. 문화상품권이나 현금, 데이터 충전, 게임 아이템(남자아이) 등이 무난하다. 아이가 좋아하는 아이돌 브로마이드나 사진이 들어간 공책, 또는 아이가 좋아하는 게임 캐릭터 브로마이드나 사진이 들어간 공책도 괜찮다. (장담하건대 아이돌 브로마이드를 주면 엄청 좋아한다. 선생님들도 학창 시절에 연예인 브로마이드를 방에 붙였던 기억이 있을 것이다.)

숙제 안 해오는
아이를 위한 극약 처방전

숙제 내주는 데도 요령이 필요하다

학교에서 내주는 숙제나 수행을 위한 과제도 많은데 공부방이나 학원에서도 숙제를 많이 내주니 아이들은 숙제라면 진저리를 친다. 하지만 좋은 성적을 받기 위해서는 숙제를 안 내줄 수가 없다. 처음 들어온 아이의 경우 잘 적응하는 게 중요하니 첫 달 동안은 숙제량이 30분을 넘기지 말아야 한다. 단, 어학원에서 그동안 열심히 공부하다 온 아이는 1시간 분량을 내줘도 된다. 한 달이 지나면 아이의 상태를 봐가며 매주 5~10분씩 숙제량을 늘린다. 최대 숙제 시간은 2시간을 넘기면 안 된다.

엄마한테 연락한다고 엄포 놓기

이렇게 했는데도 숙제를 안 해오는 아이들이 있게 마련이다. 그럴 때는 아이가 숙제를 잘 안 해온다고 엄마한테 알려야 한다. '너무 유치한 방법 아니냐'는 선생님들도 많은데, 의외로 엄마들은 선생님이 관리를 철저히 잘한다고 아주 좋아한다. 정말 꼭 해보길 추천한다. 그렇다고 바로 전화해서 알리는 건 아니다. 다음 3단계를 따르는 게 좋다.

> 1단계 : 처음 한두 번은 봐주기
> 2단계 : 숙제 안 해오면 엄마한테 전화해서 남긴다고 말하기
> 3단계 : 엄마한테 전화하고 주말에 불러서 숙제 시키기

엄마가 안 먹히면 아빠한테 연락하기

대부분의 아이들은 엄마한테 연락한다고 엄포를 놓으면 통한다. 그런데 학교에서 말썽을 부리는, 노는 아이들은 엄마를 무서워하지 않기 때문에 먹히질 않는다. 엄마한테 연락한다고 하면 이런 반응을 보인다.

> "계속 숙제 안 해오면 엄마한테 말하고 남긴다!"
> "네네~~ 선생님 맘대로 하세요~"

하지만 아빠를 언급하면 태도가 달라진다. 갑자기 성질을 내며 기세가 꺾인다.

> "그래 알았어, 엄마가 안 무서운 듯. 계속 숙제 안 해오면 이제부터는 아빠한테 전화하고 남길 거야~."

"아이~ 씨! 왜 아빠한테 전화해요!!!"

말 안 듣는 아이들의 가정은 대개 엄마는 유하지만 아빠는 엄한 경우가 많다. 심한 경우는 아직도 아빠한테 맞는 애들도 있다. 하지만 어디까지나 엄포일 뿐 바로 아빠한테 연락한 적은 없다.

그런데 이 방법은 아직 순진하고 엄마의 잔소리가 통하는 초등부나 중등부에게만 해당된다. 고등부에겐 통하지 않는다. 대신 숙제를 계속 안 해오면 자른다고 겁을 주면서 나와 졸업할 때까지 공부를 해야 좋은 대학에 들어갈 수 있다는 믿음을 주면 대부분 고3 여름방학 때까지 그만두지 않는다.

남아서 딴짓하거나 자는 아이

숙제를 안 해와서 남겨서 하게 만들긴 했는데, 자거나 핸드폰 게임을 하는 등 딴짓을 하는 아이들도 있다. 이런 경우에는 3단계 방법인 엄마한테 알리고 주말에 보충을 잡는다고 말한다. 그리고 시간을 정해서 남기는 게 아니라 숙제 안 해온 것을 다하면 집에 보낸다.

숙제를 아예 내주지 않기

앞서 설명한 방법으로 절반 정도는 바뀌고, 절반 정도는 그대로이다. 그럴 때는 누이 좋고 매부 좋은 방법을 써야 한다. 숙제를 아예 내주지 않는 것이다. 엄마도 아빠도 안 무서운 아이는 집에서도 거의 포기한 아이거나 할머니나 할아버지랑 사는 아이다. 이런 아이는 그냥 숙제를 내주지 마라.

대신 매일 불러서 숙제를 다 하고 갈 수 있게 한다. 만일 다른 과목 때문에 매일 못 오는 경우에는 주말에 부른다. 매일도 싫다, 주말도 싫다면 올 때마다 1시간씩 남겨서 숙제를 다 하고 가게 한다. 그것도 힘들면 수업 30분 전에 미리 불러서 숙제를 시키고 수업 끝난 뒤 30분 남겨서 숙제를 모두 하고 가게 하라. 그러면 부모님은 당연히 너무 좋아하고 아이들도 좋아한다.

말 없이 그냥 가는 아이

그런데 아무 핑계를 대지 않고 말도 없이 그냥 가는 아이도 있다. 이런 경우에는 우선 2단계, 즉 엄마한테 전화해서 남긴다고 말하겠다고 한 다음, 그래도 안 되면 엄마랑 통화해서 아이가 숙제를 안 해 오고 남지도 않으니 30분만 일찍 보내달라고 해 미리 숙제를 시킨다. 그런데 아이가 학부모 말도 전혀 듣지 않는다면 곧 이별을 생각할 수밖에 없다. 이런 아이는 대개 한두 달 안에 그만둔다.

앞서 설명한 여러 방법을 모두 썼지만 이도 저도 다 싫다면 어떻게 해야 할까? 잘라야 하나? 숙제 안 한다고 자르고, 떠든다고 자르고, 지각한다고 자르고 내 입맛에 따라 운영하다 보면 남아 있는 아이들이 별로 없게 된다. 학원, 공부방도 돈 벌려고 시작한 일인데, 공부 열심히 하거나 잘하는 아이들만 골라서 가르치겠다는 건 심하게 말하면 손 안 대고 코 풀겠다는 도둑놈 심보다.

질풍노도의 사춘기 중학생들은 공부하는 것을 전혀 좋아하지 않는다. 고등부와 달리 성적이 바닥을 쳐도 고등학교는 자동으로 가기 때문이다. 숙제도 잘 안 해오고 남아서 하고 가지 않아도, 수업을 들으러 오는 것만이라도 감사하게 여기자. 공부방이나 학원을 운영하려면 전기세도 내야 하고 월세도 내야 하지 않는가.

베테랑 선생님이라면 사춘기 아이들을 부처님 손바닥 위의 손오공처럼 내 말이라면 무조건 듣게 만들 수 있어야 한다. 가끔은 선생님이 아니라 삼촌이나 이모처럼 아이들 눈높이에서 "요즘 어떤 게임 해?" "주말에 뭐 하고 놀았어?" 이런 식으로 친근하게 말을 걸어보자. 선생님이 공부 외에 다른 것에 관심을 가져주면 아이도 조금씩 마음을 열고 다가온다. 그런 시간이 쌓이면서 서로 간에 신뢰가 생겨 나와 오랫동안 함께하게 된다.

철자 쓰기 숙제는
3번만

쓰기 숙제는 시험 보기 전날까지 계속 내줘라

나는 기본적으로 녹음을 10번씩 시키면서 일주일 뒤에는 철자 쓰기를 3번씩 내준다. 모든 단어가 아닌 철자 쓰기에서 틀린 단어들만 쓰게 한다. 이때 뜻을 한 번 적고, 철자는 3번 쓴다. 예를 들어 independence(독립, 해방)의 철자를 모른다면 숙제 노트에 '독립, 해방 independence independence independence' 이런 식으로 적는다.

단어를 알고 있어도 철자를 틀리면 서술형 문제를 맞힐 수가 없다. 쓰기는 최소 40번을 쓰게 한다. 시험 보기 전날까지 숙제를 내준다. 아이들이 많이 써서 안 보고 쓸 수 있다고 말해도 시험에 나오는 본문 단어를 시험 전날까지 쓰지 않으면 서술형에서 틀리는 경우가 생긴다. 반드시 시험 보기 전날까지 쓰기 숙제를 해야 실수를 안 한다.

3번이 넘어가면 안 된다

100번씩 녹음을 해도 안 되는 아이는 200~300번 시키기도 하는데, 이런 아이들이나 영혼 없이 녹음하는 아이들도 철자 쓰기는 3번씩 한다. 3번이 넘어가면 단어를 읽으면서 쓰지 않고 마치 한자를 쓰는 것처럼 그리기 시작한다.

independence(독립, 해방)를 10번 쓰게 시켰더니 황당한 일이 벌어졌다. i를 10번 쓰고, n을 또 10번 쓰고 d를 10번 세로로 쓴 것이다. 빨리 쓰고 집에 가고 싶은 마음이 얼마나 간절했으면 이렇게 썼나 싶어 야단은 치지 않고 어이가 없어 웃어넘겼다.

i

i

i

i

i

i

i

i

i

i

in

in

in

in

in

in

in

in

in

in

ind

ind

ind

…

이런 식으로 쓰면 아무런 의미가 없다. 학원(또는 공부방)에 30분 일찍 와서 3번 쓰고, 수업 끝난 뒤 3번 쓰게 하면 최소 9번은 쓰게 할 수 있으니 아이들의 숙제 부담이 줄어들어 좋다.

4장

족집게 쌤으로 만드는
시험 대비 필살기

족집게 쌤이 되는
3단계 프로세스

우리 동네 족집게 쌤이 되어야 한다

많은 쌤들이 시험 전날에 직전 보강이라며 주야장천 기존에 풀었던 문제들만 다시 풀게 한다. 그러곤 시험 성적이 떨어지면 아이 탓만 한다. '나는 열심히 가르쳤는데 네가 공부를 제대로 안 했으니까 틀린 거야!'라는 식이다.

아이의 성적이 떨어진 가장 큰 이유는 선생님이 시험 문제를 제대로 찍어주지 않았기 때문이다. 시험 전날에는 시험 범위의 본문 내용 정리한 것을 다시 한번 빠르게 설명해주고, 학교 시험에 무조건 나오는 어법과 문법 문제들을 찍어줘야 한다. 어법이나 문법 문제들을 찍어줄 실력이 안 되면 실력을 키워야 한다.

족보닷컴 같은 문제은행 사이트나 문법 문제만 따로 나와 있는 문제를 사전에 모두 풀어보면서 분석하고 정리를 하다 보면 실력이 좋아진다. 나는 10년 동안 서울 강남에서 제주도까지 전국의 모든 중학교 중간고사와 기말고사 시험지를 구해서 문법 파트별로 어느 파트에서 어떤 문제가 나오는지 모두 분석했다(문제은행 사이트 이용). 하지만 지금은 옛날의 나처럼 미련하게 할 필요는 없다. 세상이 좋아져서 시중 문법책들에도 시험에 나오는 문법 문제 경향이 잘 정리되어 있고, 시험에 나오는 문법 사항 2~3개는 필수적으로 나와 있다.

나는 학원가에서 10년 동안 있으면서 나름 1타 원장이라고 자부하고 다녔다. 수백 군데 학원이 몰려 있는, 서로 잡아먹고 먹히는 정글 같은 학원가에서 결국 나오기는 했지만 말이다. 당시에는 내가 문법 문제들을 찍으면 적중률이 87%에 이를 정도였다(물론 교과서나 대화체 빈칸은 모두 제외하고 그 이외 문제들이다). 한마디로 시험 공부를 하나도 안 해도 시험 전날 나한테 오면 누구나 80점을 넘길 정도로 문제를 잘 찍어주었다. 어떤 녀석은 이것을 몇 번 경험하더니, 몰래 바닥권 친구들한테 5천 원씩 받고 예상문제를 팔기도 했다.

내가 이런 과거지사까지 들먹이는 이유는 실력 있는 선생님이 되려면 시험에 나오는 문제들을 찍을 수 있는 역량을 갖춰야 함을 강조하기 위함이다. 그동안 아이들에게 시험 대비를 어떻게 해줬는지 되돌아보고 앞으로 어떻게 할지 진심으로 고민해보기 바란다. 학원이든 공부방이든 과외든 선생님이 시험 전날 찍어준 문제가 시험에 거의 다 나왔을 때, 아이들은 선생님을 확실히 믿고 졸업할 때까지 다니는 것이다.

지금부터 동네에서 족집게 영어 쌤이 되는 비결을 알려주겠다. 다음에 나오는 3단계에 따라해보자. 어느새 실력자가 된 자신의 모습을 발견할 수 있을 것이다.

1단계 : 전 학년 시험지 확보하기

시험 대비를 하려면 우선 아이들이 다니는 학교 기출 시험지가 있어야 한다. 동네 모든 학교 기출 시험지를 최소 1년 치는 분석해 놔야 시험 대비를 철저히 할 수 있다. 2~3년 치면 더 좋다. 여기서 한 걸음 더 나아가서 난이도가 상중하 중에 어느 정도인지, 1학기와 2학기 중에 어느 때가 더 쉬운지 어려운지, 중간고사와 기말고사 중 뭐가 더 쉬운지 어려운지 빠삭하게 꿰고 있어야 한다.

동네 모든 학교의 시험지 난이도를 완벽하게 분석하고 있어야 상담 시 학부모는 '아~ 이 선생님은 정말 완전 프로구나! 내 아이 시험만큼은 걱정 안 해도 되겠는걸!'이라고 생각한다. 그래야 등록으로 연결된다. 사실 이것은 특별한 노하우도 아니다. 학부모 첫 상담 시 선생님(원장님)이 갖춰야 할 기본 중의 기본이다. 의외로 이런 기본을 안 지키는 선생님들이 많다. 반드시 명심하자!

공부방이나 학원을 새로 시작하거나 중등부를 처음 가르쳐서 기출 시험지가 없다면 아이들한테 선배나 후배 시험지를 가져오라고 말하면 된다. 그냥 가져오라 하면 당연히 안 가져오니 시험지 1개당 문화상품권 5천 원짜리를 준다고 말해보자. 바로 다음 날 가져온다! 일주일 안에 엄청난 분량의 시험지가 손에 들어올 것이다.

2단계 : 전 학년 시험지 분석하기

시험지를 확보한 다음에는 다음 6가지를 분석해야 한다.

- 본문과 대화체에서 나오는 문항수
- 외부 지문(프린트)에서 나오는 문항수
- 서술형 문항수
- 독립적으로 나오는 문법 문제 문항수
- 학교 선생님이 나눠준 프린트(일명 학습지)에서 나오는 문항수
- 교과서 프린트가 아닌 출처가 불분명한 곳에서 나오는 문항수

3단계 : 학교 교과서 확보하기

전 학년 시험지를 확보해서 시험 유형을 분석한 다음에는 학교 교과서를 확보해 수업 내용을 확인해야 한다. 수업 시간에 학교 쌤이 중요하다고 말한 것들은 대부분이 시험에 나오기 때문이다. 그러므로 학교 쌤이 수업 시간에 중요하다고 말한 '중요 표시'가 된 영어 교과서를 반드시 확보해야 한다.

그런데 중하위권이나 바닥권인 아이들은 수업 시간에 자거나 멍때리기 때문에 교과서가 아주 깨끗하다. 다시 말해 수업 내용이 전혀 필기가 안 되어 있지 않다는 얘기다. 그래서 나는 내가 가르치는 아이의 반에서 3등 안에 드는 친구한테 교과서를 빌려오게 해서 수업 내용을 확인한다. 하지만 공부 잘하는 애들은 책을 잘 빌려주지 않는다. 이런 애들한테 책을 빌리려면 뭔가를 줘야 한다. 내가 가르치는 아이에게 2만 원권 문화상품권을 주면서 1만 원권은 공부 잘하는 아이에게 주라고 한다. "그동안 필기를 못해서 그러니깐 하루만 빌려줘~ 내가 문상 1만 원권 줄게~"라고 하면 대부분 바로 빌려

준다. 어차피 공부 잘하는 아이는 바닥권 아이를 경쟁 상대로 여기지 않기 때문이다. 이 방법이 안 통한다면 차선책으로 같은 반 여자아이에게 부탁해보자. 여학생들은 상위권이 아니더라도 대개 필기를 잘한다.

한 번 틀린 문제
두 번 다시 틀리지 않게 한다

한 번 틀린 문제는 시험 볼 때 또 틀리게 되어 있다

외고를 준비하는 중1 예은이를 가르칠 때였다. 그때는 서술형 문제도 없었고 주관식 3문제가 나오던 시절이었다. 예은이가 너무 쉬운 주관식 문제를 틀렸다. '일요일마다 - every Sunday'를 다른 말로 쓰라는 문제였는데, 정답인 'on Sundays'를 'on Sunday'로 써서 틀렸다. 예은이는 예상문제를 풀 때도 's'를 빠뜨려 틀린 적이 있어서 재차 설명해주었지만, 시험에서 또 그 문제를 틀려왔다. 당시 시험이 쉬워 상위권 아이들 중에는 100점을 받은 아이들이 많았는데 예은이는 100점을 못 받아 무척 실망했었다.

또 다른 외고 준비생 중1 지수의 경우도 이와 비슷한 사례다. 시험에 나올 만한 문제를 찍어서 설명해주었는데 기출문제를 풀면서 틀렸기에 또 설명해주고, 시험 전날에도 재차 설명해주었는데 학교 시험에서 그 문제를 또 틀려왔다. 세 번이나 설명해주었는데도 틀려와서 기가 막혔다. 게다가 어려운 문제 2개와 찍어준 주관식 문제까지 3개나 틀려서 89점이 되어 과외 선생인 나는 시험 다음 날 바로 잘렸다. 상위권 엄마들은 90점 이하는 점수라고 생각하지 않는다. 외고, 특목고 학부모는 이런 경향이 더 심하다.

"선생님, 지수가 이번에 성적이 많이 떨어졌네요."
"어머님, 그게 아니고… 지수가 실수를 좀 해서….",
"제가 그러니까 과외시킨 거 잖아요. 성적 떨어뜨리라고 과외비 드린 건 아니잖아요!"
"갑자기 시험이 너무 어렵게 나와서….",
"선생님, 그렇다고 모든 아이들이 시험을 못 본 건 아니던데요. 100점 맞은 애도 있던데 그애는 뭔가요?"
"-_-;;;…."

여러 번 설명해줘도 공부를 잘하는 상위권 아이들도 이런 식이니 중위권 이하 아이들의 경우엔 더 심하다.

"승민아~ 너 이 문제 왜 틀렸니? 내가 다 설명해줬고 그전에 네가 맞혔던 문제 유형이잖아."
"그러니깐요. 시험 때 긴장했는지 생각이 잘 안 났어요."
"헐~ 민지야, 꼭 나온다고 이거 시험 전날에 다 찍어줬는데, 이걸 틀리면 어떡하니~"
"아~ 몰라요~"

아무리 쉽게 여러 번 설명해줘도 이런 일이 반복되었다. 틀린 문제를 한두 번 더 풀게 했지만, 학교 시험에 그 문제가 나왔을 때 절반 정도의 아이만 맞혔다. 도대체 뭐가 문제인지 알 수 없었다. 아무리 고민해도 답이 안 나오기에 '될 때까지 해보자!'는 생각이 들었다. 한두 번 더 푸는 게 아니라 시험 보기 전날까지 틀린 문제들을 계속 풀게 했다. 그랬더니 100점을 받거나 90점 이상 받는 아이들이 많아졌다. 100점을 못 받은 아이들 역시 이미 한 번 틀려본 문제를 학교 시험에서 틀리는 경우는 거의 없었다.

시험 기간엔 문제 푸는 기계가 될 수밖에 없다

시험 기간 동안 아이들의 머릿속은 실타래처럼 굉장히 복잡하게 엉켜 있다. 짧은 시간 내에 여러 과목을 공부하다 보니 외워야 할 게 너무 많아서 순간적으로 외우고 또 다른 걸 집어넣으면 바로 망각하게 되니 어쩔 수 없다.

상위권 아이의 경우 여러 번 설명해줬는데도 성적이 제대로 안 나오는 이유는 선생님이 아이를 과대평가했기 때문이다. 다시 말해 그 정도 설명해줬으면 충분히 맞힐 수 있으리라 생각한 것이다. 외고를 두 군데나 붙은 반에서 1등인 학생도 시험만 치면 실수를 많이 했다. 그래서 나는 전교 3등 안에 드는 아이들 외엔 100점 받는 아이든 반에서 1등 하는 아이든 시험 대비를 아주 철저하게 시킨다.

아이의 실수는 온전히 선생인 내 몫이기 때문이다. 성적 때문에 내 학원, 공부방에 오는 것이라서 어쩔 수 없다. 아이가 실수를 하든 시험 문제가 어렵게 나오든, 성적이 제대로 안 나오면 대부분의 학부모는 무조건 '선생 잘못'이라고 생각한다.

일단 시험 문제는 많이 풀려야 한다. 문법 문제든 본문 문제든 대화체 문제든 서술형 문제든 일주일에 전체 한 바퀴를 돌린다. 그것도 각 과당이 아니라 각 과당 수백 문제를 돌린다. 다시 말해 본문 관련 문제 수백 문제, 대화체 문제 수백 문제, 문법 문제 수백 문제, 서술형 문제 수백 문제 이렇게 풀린다.

물론 중하위권이나 하위권 아이들은 목표 점수가 80점도 90점도 아니기 때문에 적당히 풀게 한다. 너무 빡세게 시키면 힘들어서 안 나온다. 한마디로 아이의 역량보다 조금 더 높은 수준으로 숙제를 내줘야 한다.

가슴 아픈 현실이지만 아이들은 시험 기간엔 어쩔 수 없이 문제 푸는 기계가 되어버린다. 소비자인 학부모가 원하니 교육 사업을 하는 선생 입장에선 어쩔 수가 없다. 그렇게 하지 않으면 경쟁 학원, 경쟁 공부방 또는 다른 과외쌤한테 가버리기 때문이다.

틀린 문제는 최소 3번 풀게 하라

시험 대비 기간 동안 틀린 문제는 최소 3번 이상 다시 풀게 한다. 앞서 에빙하우스 망각곡선 이야기에서 살펴보았듯이 똑똑하든 똑똑하지 않든 인간의 뇌는 하루가 지나면 약 70%를 망각하게 된다. 그러므로 정말 아이큐가 150이 넘는 천재 학생 외에는 계속 반복해야 한다. 다음 3단계로 풀게 하면 실수 때문에 틀리는 경우는 거의 생기지 않는다.

- 1단계 : 최소 3번 이상 다시 푼다.
- 2단계 : 그동안 틀린 문제를 시험 일주일 전에 모두 다시 푼다.
- 3단계 : 시험 전날, 일주일 전에 틀린 문제를 다시 한번 싹 다 푼다.

3번 이상 틀린 문제들은 다시 설명해줘야 한다. 그렇지 않으면 이유도 모른 채 계속 틀리게 된다. 본문 문제, 서술형 문제, 문법 문제 등 모두 같은 방식으로 하면 된다. 이때 주의사항이 있다. 반드시 다음 순서대로 문제를 풀게 해야 한다. 그래야 정말 좋은 결과가 나올 것이다.

- 처음 풀 때 : 본문 문제 + 대화체 문제(주의! 60점 이하는 대화체 문제는 안 풀거나 조금만 풀기)
- 두 번째 풀 때 : 본문 문제와 대화체 문제 중 틀린 문제 + 문법 문제
- 세 번째 풀 때 : 본문 문제, 대화체 문제, 문법 문제 중 틀린 문제 모두 + 서술형 문제

그리고 다음과 같은 방법으로 관리한다.
- 처음 풀 때 : 맞은 것은 동그라미, 틀린 것은 찍(/) 긋기. 이때 답은 체크 안 함.
- 두 번째 풀 때 : 틀린 것만 답 쓰고 체크하고, 맞은 것은 동그라미, 틀린 것은 찍(/) 긋기. 두 번 틀린 것은 찍 2개(/ /) 긋기.

- 세 번째 풀 때 : 틀린 것만 풀고, 맞은 것은 문제 번호에 동그라미, 틀린 것은 정답에 동그라미 체크하기. 그래야 선생님의 시간이 절약된다.
- 시험 전날 : 찍긋기 2개(/ /) 된 거만 다시 풀게 한다.

외부 지문 시험 대비
편하게 하는 방법

외부 지문, 무조건 외워야 할까?

과거와 달리 영어를 잘하는 아이들이 많아져 영어 점수가 상향 평준화되었다. 그래서 학교들은 영어 성적 변별력을 위해 학교에서 사용하는 교과서 문제 외에도 '외부 지문'을 아이들에게 나눠주곤 거기서 문제를 낸다.

외부 지문을 무조건 외우게 시키는 선생님들은 아마추어다. 물론 나도 그런 시절이 있었다. 당시에는 방법을 몰랐기 때문이다. 하지만 방법을 알면서도 안 하는 귀차니즘 선생님을 보면 정말 답답하고 걱정스럽다. 몰라서 못하는 건 이해되지만, 알면서 안 하는 건 본인 사업을 중요하게 생각하지 않거나 편하게 돈을 벌고 싶다는 얘기다.

공부방의 경우 경력이 오래된 40~50대 선생님들이 많은데, 이런 분들 중에 외부 지문 외우기만 시키는 선생님이 대다수다. 정말 각성해야 한다. 게다가 본인이 가르치는 아이의 지필고사에 외부 지문이 몇 퍼센트 나오는지도 모른다면 정말 아마추어 중의 아마추어다. 만일 이 글을 읽고 있는 선생님 중에 그런 분이 있다면 지금 당장 학교 시험지를 어떻게든 구해서 출제 비율을 알아내야 한다(물론 외부 지문이 시험에 나오는 아이에게만 해당되는 내용이다).

외부 지문 시험 대비하는 방법은 내신 대비하는 것과 동일하다. 기출 문제를 구해서 3번에 걸쳐 문제를 푸는 것이다.

외부 지문 문제와 자료 찾기 어렵지 않다

2000년 초반 나는 자료가 없어서 외부 지문의 본문은 물론 단어 뜻 쓰기, 철자 쓰기, 본문 빈칸까지 일일이 다 입력해 아이들에게 나눠줬다. 그런데 매번 이렇게 하자니 너무 힘들어 이런 생각을 하게 되었다.

'요즘 같은 인터넷 세상에 내가 왜 이러고 있지? 혹시….'

역시나 내가 무지한 탓이었다. 네이버 검색창에 외부 지문의 첫 문장을 치고 상단 메뉴바에서 카페 글을 검색하니 관련 자료가 주르륵 나왔다. 그동안 고생한 걸 생각하니 헛웃음이 나왔다. 이 글을 읽는 선생님들은 외부 지문 때문에 이런 고생을 할 필요가 없다.

대부분의 외부 지문은 모의고사나 EBS 지문이다. 중등 시험에도 고등 모의고사 지문이 사용된다. 관련 카페에 들어가서 몇 월 모의고사인지, EBS 몇 강인지 확인한 다음 그에 해당하는 제목을 카페 안 검색창에 'ㅇ월 모의고사'라고 치면 다 나온다. 그리고 EBS 자료실에 들어가면 지문과 해석은 물론 단어 뜻 쓰기, 철자 쓰기, 빈칸 넣기 심지어는 변형 문제까지 다 나와 있다.

변형 문제는 무료 자료 공유 카페에는 많이 있지 않다. 더 많은 문제를 원하면 변형 문제를 파는 사이트나 카페에서 사서 사용하면 편하다. 포털 검색창에서 '모의고사 변형 문제' 또는 'EBS 변형 문제' 라고 치면 도움을 받을 수 있는 곳이 엄청 많이 나오니 마음에 드는 곳을 골라서 들어가보면 된다.

네이버에서 검색이 안 되면 구글에서 검색하면 된다. 구글에도 없는 지문은 인터넷상에 존재하지 않는다고 봐도 무방하다. 이런 문제는 학교 선생님이 원서를 보고 직접 입력해서 만든 것이기 때문에 나도 일일이 지문을 쳐서 단어 뜻 쓰기, 철자 쓰기, 빈칸 넣기 등의 문제를 만들어야 한다.

다만 해석은 쓸 필요 없다. 요즘은 알파고 덕분에 구글 번역기에 영어 본문만 입력하면 번역률이 거의 90% 이상이라 너무 편하다. 오타나 해석이 조금 어눌한 것만 수정하면 된다.

단어도 못 읽는 영포자
80점대로 급상승시키기

영어 단어에 우리말 토씨 달아주기

바닥권 아이들, 즉 영포자 아이들은 교과서에 나오는 단어조차 읽지 못한다. 이런 아이들에게는 귀찮지만 단어에 우리말 토씨를 달아줘야 한다. '어떻게 그런 일을?'이라고 생각하는 선생님들이 많을 것이다.

고등부의 경우 시험 범위가 너무 많아서 외워야 할 단어량이 엄청나지만, 중학교는 시험 범위가 두세 개 과 정도밖에 안 돼서 외워야 할 단어량이 그렇게 많지 않다. 할 만하다는 얘기다. 처음 정리할 때는 시간이 많이 걸리지만, 1년 치 교과서 단어에 토씨를 다 달아놓으면 다음 해에도 계속 써먹을 수 있으니 그만한 시간을 투자할 가치가 충분하다.

우선 외워야 할 단어부터 정리한다. 정리하는 건 간단하다. 시중에 나와 있는 예상문제집 첫 장에 단어들이 다 나와 있으니 거기에 우리말로 토씨를 단다. 그런 다음 녹음 숙제를 내준다. 앞에서도 말했지만 단어 녹음은 최소 80번을 해야 입에서 바로바로 튀어나오므로 녹음 숙제는 80번 이상 내줘야 한다.

영어 본문에도 우리말 토씨 달아주기

안타깝게도 단어를 못 읽는 아이들은 본문도 당연히 못 읽는다. 그러므로 본문에도 토씨를 달아줘야 한다. 영어 본문에 토씨 다는 건 단어에 토씨 다는 것보다 더 귀찮다. 토씨를 달다 보면 '이런 짓까지 해야 하나'라는 자괴감이 들 수도 있다. 하지만 귀찮은 것은 항상 돈이 된다는 사실을 잊지 말자. 다시 말해 편한 것은 돈이 안 된다는 것과 같은 말이다.

영포자 아이들을 위해서 교과서 영어 본문에 우리말로 토씨를 달아주는 선생님이 전국에 몇 명이나 되겠는가. (물론 내가 운영하는 네이버 카페 '성공비' 회원들 중에는 나처럼 토씨를 달아주는 선생님들이 있다.) 내 수업에 들어오는 영포자 학생 한 명을 위해 그렇게 따로 시간 내서 우리말 토씨를 달아주면 아이도 감동할 수밖에 없다!

토씨를 보면서 녹음하면 녹음하기가 수월할 뿐만 아니라 단어도 못 읽던 아이가 성적이 올라가니 더 열심히 녹음 숙제를 한다. 게다가 영포자 아이들에게 토씨까지 달아주는 선생님을 배신하고 다른 선생님으로 갈아타는 일은 전혀 없다. 성적이 올라가면 신뢰감도 덩달아 올라간다. 그러면 아이들은 졸업할 때까지 그만두지 않는다. 잊지 말자! 편한 건 돈이 되지 않는다는 것을!

단어량을 늘려라

중학교 시험에 무조건 나오는 문제 중의 하나가 '본문 내용 일치' 문제다. 바닥권 아이들이 제일 많이 틀리는 문제는 문법 문제와 영어 보기로 된 본문 내용 일치 문제다. 물론 영영 풀이처럼 더 어려운 문제도 있지만 이건 상위권 문제니 일단 배제한다.

바닥권 아이들은 본문을 다 외우더라도 우리말 보기가 아닌 영어 보기가 나오면 본문 내용 일치 문제를 맞힐 수 없다. 아는 단어가 별로 없어 보기에 나온 영어가 무슨 뜻인지 몰라 못 푸는 것이다. 그리고 문법을 아무리 쉽게 설명해주고 문법 문제를 같이 풀어봤자, 문제 자체는 이해하더라도 보기에 나온 단어를 몰라서 못 푼다.

문법 문제는 대부분의 아이들이 어려워해서 그렇다 쳐도, 본문을 다 외워서 내용을 이미 알고 있는데도 보기에 나온 단어가 무슨 뜻인지 몰라서 본문 내용 일치 문제를 틀리는 게 너무 싫었고 안타까웠다. 한 문제라도 더 맞힐 수 있게 하려면 단어량을 늘려야 한다는 결론에 도달했다. 단어량을 엄청나게 늘렸더니 예상했던 대로 성적은 수직 상승해 바닥권 아이들도 중상위권 성적인 80점대를 받기 시작했다.

시험 기간에도
단어 암기는 필수다

시험 보기 전날까지 단어 암기를 시켜라

대부분의 선생님들이 시험 2~3주 전부터는 엄청난 양의 예상 및 기출문제들을 출력해서 애들에게 풀린다. 그런데 애들은 다른 과목도 준비해야 하니 숙제를 줄여달라고 한다. 그러면 선생님들은 예상 및 기출문제 숙제를 줄이기보다는 평소에 하던 단어 테스트를 생략한다. 50~100개 외우던 단어 숙제를 내주지 않는 것이다.

나 또한 그랬다. 한동안 중위권에서 중상위권 아이들이 영영 풀이 문제, 본문 내용 일치(영어 보기) 문제, 문법 문제를 틀리는 이유를 몰랐다. 심지어 상위권 애들도 영영 풀이 문제를 틀려왔다. 이래선 안 되겠다 싶어 상위권 아이들만 시험 보기 전날까지 평소처럼 선행 학습 단어 숙제를 내줘봤다. 그랬더니 단어를 몰라서 틀리는 문제가 없어졌다. 그 이후부터 중상위권, 중위권 아이들도 시험 보기 전날까지 평소대로 단어를 암기시켰다. 아이들의 성적을 올리고 싶으면 시험 전날까지 단어를 암기시키기 바란다. 그러면 아는 문제를 단어를 몰라서 틀리는 일은 없을 것이다.

그리고 한 가지 더 명심할 것이 있다. 바로 단어량이다. 대부분의 선생님이 일주일에 50~100단어 외우기를 시키는데, 그걸로는 부족하다. 나는 1천~2천 단어를 숙제로 내준다. 그냥 외우라고 하면 그 많은 단어를 절대 외울 수 없다. 하지만 단어 녹음하기 숙제를 내주기 때문에 충분히 외울 수 있다.

일주일에 3천 단어를 한 바퀴씩 돌려라

나는 1천 단어든 3천 단어든 일주일에 무조건 1바퀴씩 돌릴 수 있다. 사실 나는 1바퀴가 아니라 일주일에 3바퀴를 기본으로 한다. 먼저, 아이가 외우는 단어장에서 뜻을 아는 단어들에 모두 V 표시를 하게 한 다음 그것들을 제외한 단어를 3등분해서 모르는 단어만 1회 녹음할 때마다 3번씩 녹음시킨다.

예를 들면 900개의 단어가 들어 있는 90쪽짜리 단어장을 가지고 있다고 치자. 바닥권 아이들에겐 90쪽 전체를 3등분해서 30쪽씩 녹음하게 하고, 중위권 이상의 아이들은 그래도 아는 단어들이 어느 정도 있으니 뜻을 모르는 단어에만 V 표시를 하게 한다. V 표시가 된 것들은 이미 아는 단어들이니 굳이 외울 필요도 없고, 외우라고 시켜도 아이들이 외우지 않는다.

V 표시를 한 다음에는 월요일에 1~30쪽까지, 화요일에 31~60쪽까지, 금요일에 61~90쪽까지 녹음을 시킨다. 이런 식으로 하면 일주일에 책 1권을 모두 녹음할 수 있다.

500단어를 녹음하는 데 30분 정도 걸린다. 쓰게 하면 3~4시간 정도 걸리는 분량이다. 처음에는 800단어부터 시작하는 게 좋다. 모르는 단어가 너무 많으면 최대 2천 단어까지. 이 방식으로 나는 영포자도 1만 2천 단어를 1년 동안 20바퀴 돌게 만들었다.

늘 강조하지만 아이들도 고객이기 때문에 고객처럼 잘 대해줘야 한다. 너무 스파르타식은 곤란하다. 처음부터 하루에 몇 시간 동안 단어 녹음 숙제를 내주면 반발이 심해서 그만둔다. 한 명의 아이가 그만두면 내 통장에서 한 달 치 수업료 20만~25만 원이 안 들어오는 게 아니라 240만~300만 원, 즉 1년 치 돈이 매년 안 들어온다고 생각한다면 애들을 극진히 대접할 수밖에 없다.

물론 내가 가르치는 아이들은 별 탈 없으면 대개 4년 정도는 다니기 때문에 나는 아이들을 1천만 원(4년 치 회비)을 지불하는 고객으로 본다. 그러니 이런 소중한 1천만 원 고객님에게 화내거나 짜증 내기는커녕 항상 웃는 낯으로 대해준다.

외우지 않고 수천 단어를 일주일에 한 바퀴 도는 자세한 방법과 플랜은 《외우지 않고 일주일 만에 3천 단어 머릿속에 집어넣기》(가제)가 곧 출판될 예정이니, 그 책을 참고하기 바란다. (급하신 선생님들은 내가 운영하는 네이버 카페 '성공비'에서 생방송 강의를 신청하면 밥 한 끼 가격으로 바로 특급 노하우를 얻을 수 있다.)

기출문제, 예상문제
푸는 데도 순서가 있다

등급별 문제 난이도를 정하라

시험 기간이 되면 선생님들은 문제은행에서 엄청난 양의 문제를 출력하거나 문제집을 주면서 "풀어!"라고 말한다. 아이들의 등급이나 문제 난이도는 고려하지 않는다. 그러면 아이들이 다 풀까? 아니다. 나도 경력 5년 차까지는 이런 생각을 못했다. 경력이 짧아 가르쳐본 학생 수가 적어 이런 사실을 몰랐기 때문이다. 실력은 경험에 비례하듯이 많은 아이를 가르쳐봐야 그만큼 실력이 는다.

실력 있는 선생님은 문제 난이도를 정해서 아이들에게 맞춤 문제집을 풀리게 한다. 처음엔 아이 실력보다 한 단계 또는 두 단계 낮은 문제부터 줘야 척척 풀어나간다. 쉬운 문제들을 먼저 풀면 자신감이 생겨 공부에 대한 재미가 생긴다. 반면 어려운 문제들을 풀다 보면 자신감이 떨어지고 문제 풀기가 싫어진다. 이런 일이 반복되면 자존감도 떨어져 공부할 의욕이 상실된다.

시중 예상문제집들은 대부분 대동소이한 수준이지만 어려운 문제들이 많은 문제집도 있으니 아이들에게 문제를 풀리기 전에 반드시 선생님이 문제를 일일이 확인해봐야 한다. 특히 중하위권부터 하위권 아이들에겐 쉬운 문제들만 따로 추려줘야 한다. 상위권 아이에겐 쉬운 문제라도 이런 문제를 중하위권에서 하위권 아이들에게 주면 어렵게 느껴져 풀기 싫어한다.

문제 푸는 순서가 성적을 좌우한다

문제의 난이도뿐만 아니라 문제 푸는 순서도 중요하다. 다음과 같은 순서로 풀면 매우 효과적이다.

1. 본문 문제 + 대화체 문제
2. 본문 빈칸 넣기 문제
3. 문법 문제 + 본문 문제 + 대화체 문제 + 본문 빈칸 넣기 문제
4. 서술형 + 나머지 모든 문제

시험 보기 전까지 매번 같은 문제들을 반복해서 풀어야 한다. 아이가 반발이 심할 경우에는 한 번 풀어서 맞힌 문제들은 일주일에 한 번만 풀게 하면 된다.

1단계 : 본문 문제 + 대화체 문제 풀기

처음에는 교과서 본문을 보면서 풀 수 있는 문제들만 풀게 해야 스트레스 안 받고 잘 푼다. 본문을 안 보고 다 풀 수 있을 때까지 계속 풀린다.

"선생님~ 이거 언제까지 계속 같은 거 풀어야 돼요?"
"응~ 네가 본문 지문 안 보고 90점 맞을 때까지^^"

오로지 본문 지문과 대화체 지문을 보고 풀 수 있는 문제들만 편집하거나 동그라미 쳐서 아이들에게 보고 풀리게 한다.
예를 들면 다음과 같은 문제들이다.

- 빈칸에 알맞은 것을 고르시오.
- 문단 배열, 문장 삽입, 문단 삽입, (본문 지문에 밑줄 쳐놓고) 위 문장들 중 어법상 어색한 것을 고르시오.

이때 60점 이하의 바닥권 아이들은 본문 내용 일치 문제 중 보기가 영어인 것들은 풀게 하지 않는다. 영어 단어도 못 읽고 뜻도 모르니 틀릴 확률이 거의 90% 이상인데, 연습 단계부터 자괴감을 들게 해서 스트레스를 주면 안 된다. 늘 말하지만 사교육 시장에서 학생은 고객이다. 고객에게 스트레스를 주지 마라!

2단계 : 본문 빈칸 넣기 문제 풀기

시험 보기 4주 전부터 시작해서 시험 보기 전까지 본문을 안 보고 다 쓸 때까지 녹음을 시킨다. 그리고 본문을 안 보고 다 쓸 수 있게 되더라도 시험 보기 전날까지 계속 숙제로 내줘야 한다. 시험 보기 일주일 전부터 여러 과목을 공부하기 때문에 본문을 완벽하게 외운 아이들도 정말 놀라울 정도로 금세 까먹는다.

3단계 : 문법 문제 풀기 + 본문 문제, 대화체 문제

문법 문제는 학원(공부방) 선생님과 같이 푼 문제들만 혼자서 풀게 한다. 본문 문제와 대화체 문제는 누적해서 계속 풀게 한다.

60점 이상 아이들은 같이 안 푼 문법 문제들을 줘도 상관없다. 시중에 문법 문제들은 많이 나와 있으니 구매해서 적당한 양을 줘서 풀게 하라. 하지만 단어도 못 읽는 바닥권 아이들은 문법 문제를 주면 더 많은 스트레스를 받으니 문법 문제 숙제를 내주지 마라. 다만, 상위권은 비슷한 유형의 문제를 더 줘도 알아서 잘 풀기 때문에 따로 시험 범위에 해당하는 문법 문제들만 추려서 숙제로 내줘야 한다.

4단계 : 서술형 문제 + 나머지 모든 문제

서술형 문제는 상위권만 숙제로 내준다. 80점 이상(최소 70점 이상) 아이들만 풀게 한다. 하위권이나 바닥권 아이들은 서술형은 대비할 수 없으므로 일단은 패스한다.

서술형을 맞히려면 문법과 단어가 기반이 되어야 하고, 철자까지 완벽히 알아야 한다. 바닥권 아이들은 점수보다 단어 실력을 키워줘야 한다. 특히 3천~5천 단어를 머릿속에 빨리 넣어주는 것이 중요하다.

나머지 모든 문제 역시 어려운 문제이므로 중상위권과 상위권만 풀게 한다.

사소한 지문도 반드시 외워야 한다

시험 범위는 학교마다 조금 차이가 있긴 하지만 대개 2개 과 정도다. 출제 범위가 적다 보니 교과서에서 문제를 낼 지문이 별로 없다. 그래서 선생님들은 교과 본문 외에 뒷부분에 나오는 지문 같지 않은 5~6줄짜리 작은 지문에서도 문제를 낸다.

이런 것들도 본문 녹음할 때 모두 녹음시켜야 한다. 이건 바닥권이든 상위권이든 모두 해당된다. 바닥권 아이들이나 50점 이하는 교과서에 나오는 대화체까지 모두 녹음시킨다.

5장

이탈률 낮추는
관리 노하우

초6, 중학교 졸업할 때까지
다니게 하려면

회비 동결이 더 큰 이익을 가져온다

매년 12월, 늦어도 신학기 전달인 2월이 되면 늘 이런 문자들을 받았다.

"철수는 이번 달까지만 할게요. 아이가 학원에 다니고 싶어 해요."
"우리 영희가 과외하고 싶다고 하네요. 그동안 수고하셨습니다."

이런 문자를 받을 때마다 '초6 아이들을 어떻게 하면 중학교 졸업할 때까지 가르칠 수 있을까?'라는 고민에 빠졌다. 과외나 공부방을 할 때는 학원에 가고 싶다고 하면서, 학원을 할 때는 과외하고 싶다고 하면서 그만두기 일쑤였다. 사실 그것은 핑계였을 뿐이었다는 것을 수년의 시행착오를 겪은 후에야 알게 되었다.

초등학교 6학년을 마치고 중학교에 들어가면 학원(공부방)에서 배우던 아이들이 대형 학원이나 중고등 입시 전문 공부방으로 옮겨가는 경우가 많다. 이유는 대부분의 엄마가 이런 생각을 하기 때문이다.

'음…, 이 선생님이 열심히 가르치고 아이도 좋아하지만, 중학교 가서 상위권 성적을 유지하면서 좋은 고등학교, 좋은 대학을 책임 져줄 수 있을까? 그 정도까진 아닌 것 같아.'

이런 일을 막는 아주 간단한 방법을 알려주겠다. 중학교에 들어 가기 전에 초등학교 6학년 학부모에게 현재 초등 회비를 중학교 졸 업할 때까지 똑같이 받겠다고 말해보자. 가뜩이나 안 좋은 경기에 코로나 때문에 더 힘들어 죽겠는데, 회비를 올리지 않고 중학교 졸 업할 때까지 동결한다고 말하면 엄마들 입에서 자동적으로 "어머! 선생님 안 그러서도 되는데…"라는 말이 나오면서 이 말이 떨어지 기가 무섭게 바로 입금한다. 선생님의 마음이 바뀔까 봐 쐐기를 박 으려고 재빨리 입금하는 것이다.

회비를 동결하는 명분은 두 가지다. 첫째는 아이와 엄마가 나에 게 잘 해줬고, 둘째는 경기가 너무 어려우니 편안한 마음으로 졸업 할 때까지 다니라는 의미다.

이런 말을 원장님들에게 하면 대부분 이런 반응을 보인다.

"물론 아이가 중학교 졸업할 때까지 그만두지 않으면 돈을 더 벌 수 있겠죠. 하지만 초등과 중등 회비는 5만 원 정도 차이가 나는데 언제 그만둘지도 모르는데 초등 회비를 받으면 오히려 손해 아닌 가요?"

대부분의 선생님이 '매달 5만 원을 더 벌 수 있는데 굳이 내가 초등 회비를 받아야 해?'라는 생각을 하면서 눈앞의 이익을 포기하지 못해 대부분 회비를 올려서 받는다.

학원도 공부방도 과외도 사업이다. 사업을 하려면 단골 고객, 즉 졸업할 때까지 다니는 학생을 많이 확보해야 한다. 눈앞의 나무(회비 인상)만 보지 말고 더 큰 숲(3년 치 회비)을 보는 마인드로 빨리 전환하길 바란다. 그래야 지금보다 더 많은 수입을 안정적으로 벌어들일 수 있다.

12월부터 첫 시험 대비를 하라

회비를 동결했는데도 그만두는 경우가 생긴다. 중학교 들어가서 아이의 첫 성적이 제대로 나오지 않았을 때다. 하지만 걱정하지 말자! 다행히도 중1은 자유학년제라 시험이 없다.

자유학년제인데도 몇몇 학교들은 시험이 있다. 하지만 중1 첫 시험이래 봤자 be동사, do동사처럼 아주 쉬운 내용이라서 아무리 경력이 없는 선생님이라 해도 90점 이상은 다 받게 할 수 있다.

대부분의 지역은 중2부터 시험을 친다. 그런데 중2 첫 시험부터 to부정사, 동명사 등 극강으로 어려운 문제들이 나온다. 거기다가 서술형이 최소 40~50%가 나오니 첫 시험을 망치는 일이 비일비재하다. 심한 곳은 첫 시험부터 서술형이 70~80% 나오는 학교도 있다. 이런 학교는 영어 전체 평균 점수가 50점도 안 되고, 빵점 맞는 아이들도 수두룩하다.

엄마들과 아이들은 '선생님이랑 오래 공부했으니까 그래도 90점 이상은 나오겠지?' 하는 기대를 많이 한다. 이건 아이가 잘하든 못하든 대부분의 학부모가 선생님한테 거는 기대다.

그러니 내가 있는 동네 중학교 시험이 엄청 어렵게 나온다면 중1 12월부터 정말 죽기 살기로 첫 시험 대비를 해야 한다. 그렇지 않으면 아이들은 시험을 망치고 다른 곳으로 옮겨가버린다. 소 잃고 외양간을 고쳐서는 안 된다. 그전에 미리 외양간을 튼튼하게 정비해야 한다.

시험 망쳐도
계속 다니게 하려면

시험 기간이 끝나고 성적이 떨어지면 그만두는 아이들이 속출한다. 열심히 시험 대비를 해줬지만 모든 아이의 성적이 다 잘 나올 수는 없다. 그렇다고 떨어져나가는 아이들을 손 놓고 구경만 할 수도 없는 노릇이다.

이런 일을 막는 좋은 해결책이 있다. 다음에서 설명하는 두 단계를 잘 지키면 된다.

1단계 : 시험 전 주에 전화해서 기출문제 평균 점수 알려주기

기출문제 평균 점수를 파악한 다음, 학부모에게 전화를 걸어 시험이 어려울 경우 아이가 실수를 해서 성적이 잘 나오지 않을 수도 있다는 것을 은연중에 암시해줘야 한다. 학부모에게 마음의 준비를 시키기 위함이다.

이때 상담 전화하는 게 부담스럽고 귀찮다고 문자를 보내면 절대 안 된다! 물론 문자를 안 보내는 것보단 낫지만, 성적이 떨어지면 아이를 그만두게 할 확률이 높아진다. 상담 전화 한 통이면 되는데 그걸 안 해 고객을 이탈시키는 오류를 범하지 말기 바란다. 시험 결과 성적이 떨어진 아이에 대해서는 두 번째 단계에 무조건 돌입해야 한다.

2단계 : 시험 당일에 시험지 분석해서 전화 걸기

아이가 시험을 못 봐 학부모가 열받았는데 해결을 안 해주면 큰 문제가 발생한다! 반드시 시험 당일에 전화를 해야 한다. 당일에 전화를 안 하고 일주일쯤 지난 뒤 전화를 하면 엄마들은 이미 열받아 있고, 선생님과 신뢰가 깨진 상태라 바로 그만둘 확률이 매우 높다.

다행히 아이가 점수를 잘 받았으면 전화를 안 걸어도 별일 없이 그냥 넘어간다. 하지만 20년간 이 일에 종사하면서 통계를 내본 결과 시험을 못 본 아이의 경우 중2, 고1 아이들의 이탈률은 60~70%였다(간혹 중1부터 시험 보는 동네는 당연히 중1 이탈률이 있다).

이탈을 막으려면 시험 본 당일(연락이 안 될 시 그다음 날)에 무조건 통화해서 아이의 성적을 면밀하게 분석해줘야 한다. 그래야 화가 나도 한 번 정도는 더 믿어주고 그만두지 않는다.

아이의 성적을 분석하려면 시험지를 확인해야 하는데, 아이들은 다음 날 다른 시험 공부 때문에 시험지를 가지고 내 공부방(또는 학원)에 오지 않는다. 그러므로 반드시 시험 보기 전날에 직접 보강을 해주면서 "내일 시험 보고 카톡으로 시험지 사진을 찍어서 보내지 않으면 숙제를 세 배로 내준다!"라고 엄포를 놔야 한다. 그래도 아이가 시험지를 안 보내오면 학부모에게 전화해서, 이번 시험 본 거 분석해줘야 하니깐 시험지 사진을 찍어서 카톡으로 보내달라고 말한다.

시험지 사진을 출력해서 당일이나 늦어도 그다음 날 반드시 학부모와 상담을 해야 한다. 시험이 쉽게 나왔는지, 어렵게 나왔는지, 본문·프린트·서술형 문제는 어떻게 나왔는지, 아이가 어떤 문제를 틀리고 어떤 문제를 맞혔는지, 몇 번을 반복해줬는데 왜 틀렸는지 등등 프로답게 정확히 원인을 분석해줘야 한다.

시험지 사진을 보내지 않는 아이는 99% 시험을 망쳤다고 보면 된다. 이런 경우에는 시험을 잘 본 아이의 시험지로 문제가 어려웠는지 쉬웠는지 파악해서 원인 분석을 해주면 된다.

그리고 아이의 시험지를 확보해서 성적을 알기 전까지는 회비 납부일이어도 회비 문자를 절대로 보내지 마라! 성적이 떨어져서 화난 엄마에게 회비 문자를 보내는 건 불난 집에 휘발유를 뿌리는 격이다. 이런 기본적인 것조차 지키지 않으면, 결과는 불을 보듯 뻔하다.

그만둔 학생,
다시 받아도 될까

한번 그만둔 아이는 또 그만둔다

어느 날, 순하게 생긴 엄마와 어딘지 모르게 어리숙해 보이는 중2 남학생이 함께 들어왔다. 성적은 바닥권이었지만 열심히 배우려는 자세가 기특해서, 수업 시간 외에도 거의 두 달 동안 따로 시간을 내서 가르쳐줬다. 그렇게 했더니 10~20점이었던 영어 성적이 60~70점대 중위권이 되었다.

그런데 첫 시험을 본 후부터 아이의 태도가 달라졌다. 수업 후에 남아서 하는 공부를 이 핑계 저 핑계 대면서 빠지기 시작하더니, 그다음 주에는 일주일에 한 번씩 안 나왔다. 그다음 달부터는 일주일에 한 번도 올까 말까 했다. 그래서 어머니에게 전화를 했다.

"어머님, 민석이가 벌써 일주일째 안 나와서 전화드렸습니다."
"아~ 선생님, 우리 민석이가 요즘 나쁜 형들이랑 어울리는 것 같아요. 선생님이 잘 타일러주실 수 없나요?"

거의 2주일 만에 나타난 민석이와 차분히 이야기를 나눴는데, 그 형들이 너무 잘 해줘서 안 만날 수는 없다고 했다. 그래도 어머니가 걱정하니, 남아서 하는 공부는 안 해도 되니 수업 시간에만 참석하라고 했다. 민석이는 알겠다고 말했지만 다시 오진 않았다.

그런데 한 달 후 민석이와 민석이 어머니가 학원으로 찾아왔다. 이제는 그 형들과 안 만나겠다고 부모와 약속했으니 학원에 빠지는 일은 없을 거라고 해서 다시 받아주기는 했으나 왠지 께름칙했다. 아니나 다를까 겨우 두 번 나오더니 안 나왔다. 아이가 두 번밖에 안 와서 환불해주겠다고 연락을 했더니 다음 날 어머니가 찾아왔다.

"선생님, 어제 민석이가 아빠한테 엄청 혼났어요. 아빠한테도 약속했으니까, 이제는 정말 잘 다닐 거예요. 그리고 그동안 밀렸던 공부도 해야 하니까 월수금, 화목토 이렇게 두 타임 등록할 게요."

뭔가 쎄한 느낌이어서 몇 달 좀 쉬었다가 나중에 아이랑 얘기해 보고 다시 오라고 했지만, 민석이 어머니의 간곡한 호소에 하는 수 없이 등록을 했다. 하지만 민석이는 아예 첫날부터 오지 않았다. 그 래서 바로 어머니에게 전화를 했더니, 민석이가 공부를 너무 하기 싫어해서 죄송하다고 했다. 그래서 나는 "보내주신 두 달치 회비는 계좌번호 알려주시면 환불해드릴 테니 문자로 부탁합니다"라는 말을 하곤 전화를 끊었다. 그렇게 민석이를 두 번 다시 보지 못했고, 그 어머니도 다시 볼 일이 없을 줄 알았다.

그런데 일주일 뒤, 한창 수업을 하고 있는데 누군가가 교실 문을 발로 뻥 차고 들어왔다.

"내 돈 내놔!!!"

귀가 찢어져라 소리를 지르며 교실에 들어온 사람은 바로 민석이 어머니였다. 애들 가르치면서 그렇게 놀라고 황당한 적은 정말 처음이었다.

"계좌번호도 안 알려주고 말이야!! 내 돈 떼먹을려고 한 거지!!!"

그 어머니가 환불받을 계좌번호를 알려줘야 하는데, 오히려 내게 계좌번호를 안 알려줬다며 고래고래 소리를 쳤다. 너무 황당하고 놀라서 곧바로 환불을 해줬다.

"선생님, 민석이 엄마요, 학교 복도에서 다른 엄마랑 머리채 잡고 싸웠던 사람이에요. 원래 그래요."

나중에 같은 반이었던 아이로부터 민석이 어머니의 본모습을 알게 되었다. 선생 경력 20년 동안 일어났던 일 중 최악일 정도로 10여 년이 지난 지금도 눈앞에 생생하다. 물론 민석이의 사례는 매우 특별한 경우이기는 하다. 하지만 한번 그만둔 아이는 또 그만둘 가능성이 높다. 초등학생이나 중학생의 경우 학부모의 의지에 따라 학원(공부방)을 다니는 아이들이 많으므로 학부모가 이상한 모습을 보이는 경우는 특히나 조심해야 한다.

득보다 실이 많은 선택은 하지 마라

위에서 살펴본 민석이의 경우는 나쁜 형들과 어울려 다니느라 학원을 그만두었다가 어머니의 강요로 다시 나왔다가 또다시 그만 둔 사례다. 그런데 공부하기 싫어서 관뒀다가 본인이 열심히 해보 겠다고 다시 찾아왔지만, 같이 공부하는 아이들을 괴롭히고 돈까지 빼앗던 한 아이 때문에 그 반 전체가 해체된 경우도 있었다.

과학고를 준비하던 어떤 아이는 영어 성적만 70점대라서 100점 을 두 번 맞게 해줬더니 대형 입시 학원으로 옮겨갔다. 그런데 성적 이 떨어져서 다시 찾아왔길래 또 열심히 가르쳤더니 몇 달 하곤 다 시 대형 학원을 돌아가버렸다.

모범생이건 노는 아이건 한번 그만뒀다가 다시 오는 아이는 분 위기만 나빠지게 하고 대개 몇 달 만에 그만두었다. 몇 번 이런 일 을 겪은 다음부턴 한번 그만둔 아이는 절대로 다시 받지 않았다. 그 런데 나중에 원장들 모임에서 나뿐만 아니라 다른 원장들도 거의 다 같은 경험을 했다는 이야기를 듣곤 조금 놀랐었다.

한번 그만뒀던 아이는 몇 달 하다가 조용히 혼자만 나가는 게 아 니고, 분위기를 흐려놓아서 다른 아이들도 그만두게 만든다. 맑은 도랑에 미꾸라지 한 마리가 들어와서 흙탕물을 만들어놓고 도망가 는 모습과 거의 흡사하다.

이런 통계가 있다. 남녀 커플이나 부부가 한번 헤어진 후에 그리워서 다시 만나도 또다시 헤어질 확률이 거의 90%라고 한다. 냉정하다고 생각할 수 있지만, 결국 얼마 안 가서 다시 그만두는, 득보다 실이 많은 아이를 군이 다시 가르칠 필요는 없다. 나를 다시 찾아온 게 고마워, 그만둔 아이를 다시 받는다면 안 좋은 읽을 겪을 가능성이 높다.

수업 시간에 문제 일으키는
아이, 내보내야 하나

아니다 싶을 때는 과감하게 결단을 내려라

2004년 학원 강사 시절이었다. 초등학교 6학년은 이제 막 사춘기가 시작된 아이들이라 제일 수업하기 힘든 반이다. 하루는, 숙제도 잘 안 해오는 데다 수업 시간에 수다를 떠는 초등 6학년 여자아이에게 뭐라고 말해야 안 떠들까 고민하면서 쳐다봤는데, 어이가 없는 일이 벌어졌다.

"뭘 꼬라봐요?"

"뭐라고?"

"짜증나게 왜 보냐고요!"

"왜 떠들어! 숙제도 안 해오고 떠들기까지 하니 오늘 깜지 2시간이다!"

"네? 아 C발~ X같네"

"뭐? 너 방금 뭐라고 했어? 선생님한테! 내일부터 나오지 마!!!"

"뭘 꼬라봐요?"라는 한마디에 순간 피가 역류하면서 감정을 통제하기가 너무 힘들었다. 그 자리에 계속 있으면 사고를 칠 것 같아 화장실로 달려가 심호흡을 몇 번 하고 냉수 한 사발 들이켜고 좋게 마무리했지만, 학원 강사란 직업에 회의를 느껴 동료 선생이랑 서로 푸념하면서 다음 날 새벽까지 술로 마음을 달랬다.

그 이후에도 이와 비슷한 일이 반복되었다. 수업 시간에 노래를 부르는 아이, 갑자기 소리를 지르는 아이, 욕하는 아이… '정말 가정교육을 어떻게 받았으면…'이란 생각밖에 안 들었다. 다행히도 그런 아이들은 결국 오래가지 못했다. 하지만 그런 아이들로 인해 다른 아이들도 대부분 그만둬서 그 반은 거의 해체 수준이 되어버리고 말았다.

평범한 아이들은 왕따도 일진도 싫어한다

가만히 있어도 아이들이 막 들어오는 3월 새 학기 때였다. 중1 민수라는 남학생이 엄마와 같이 상담하러 왔다. 레벨 테스트 후 민수 엄마는 커리큘럼, 상담, 가격 모두 흡족해했다. 다음 날부터 보내겠다고 하면서 마지막으로 이런 질문을 던졌다.

"여기에도 백신중학교 아이가 다니나요?"
"네, 마침 같은 학교 중1 남학생이 있는데, 그 아이랑 같이 공부할 거예요."
"혹시 그 아이 이름 좀 알 수 있을까요?"

"이진철입니다."

"네? 진철이요?"

갑자기 아이가 얼굴빛이 달라지면서 되물었다. 잠시 엄마와 밖으로 나갔다 들어와선 진철이가 학교에서 맨날 담배 피고 노는 애들 중의 제일 탑 그룹에 있는 아이라면서 안 다니겠다고 했다. 나는 사태의 심각성을 모른 채 민수는 진철이가 안 다니는 날로 배정하겠다고 했지만 그 엄마는 "아니에요! 됐어요! 다시 생각해봐야겠어요!" 하고 문을 꽝 닫고 나가버렸다.

진철이는 내가 초등학교 6학년 때부터 가르친, 친구들 좋아하고 에너지 넘치는 평범한 남자아이였다. 그런데 중학교에 들어가자마자 한 달도 안 되어, 일진 아이들과 어울려 담배를 피워서 징계를 받고, 담배를 핀 사실을 선생님에게 알린 아이를 일진 아이들이 집단 구타해서 학교에 소문이 난 상황이었다.

하지만 난 진철이가 그냥 호기심에 담배를 피웠을 것이라고 생각했다. 나쁜 아이들과 어울려 다니는 건 알았지만, 아빠보다 나를 더 좋아하는 진철이는 마치 조카 같은 아이여서 자른다는 건 상상도 하지 못했다. 진철이가 내 공부방에 다닌다는 소문이 나자 진철이가 안 오는 화목반 중1 학생들 한 그룹도 모두 갑자기 끊어버렸다. 결국 공부에 전혀 흥미가 없던 진철이도 중학교 첫 시험을 보고 나와 이별했다.

그때 많이 허탈했다. 내가 조금 더 냉정하게 생각했다면 진철이와의 이별을 빨리 했을 것이다. 아무리 수업을 방해해도 아무리 그 아이가 학교 일진이라 해도 단칼에 자를 수 있는 선생님은 없을 것이다. 아이들을 가르치는 선생님이라면 모두가 같은 마음일 것이다.

그러나 평범한 아이들은 왕따도 일진도 모두 싫어한다. 일진이 있으면 돈을 뺏기거나 숙제를 대신 해야 돼서 싫어하고, 왕따랑 어울리면 본인이 왕따가 되기 때문에 왕따 아이도 싫어한다. 왕따, 일진 모두가 '학생은 공부만 하라'는 학벌 만능주의 시대가 낳은 폐해라 마음이 아프다.

어떤 아이가 흔히 말하는 노는 아이고 어떤 아이가 평범한 아이인지 첫눈에 분간하는 건 정말 어렵다. 노는 아이가 나쁘다는 게 아니라 노는 아이들은 학원, 공부방 사업에 전혀 득이 되지 않는다는 것이다. 교육자 마인드로는 교육 사업에서 성공할 수 없다. 학교 선생님도 아니고, 애들을 가르치면서 돈을 벌어야 하는 사교육 선생이라면 학생이 별로 없어 한 명 한 명이 소중한 상황이더라도 때론 정말 냉정해야 한다.

교육자이기 전에 사업가이므로 사업가 마인드로 철저하게 관리를 해야 성공한다. 교육에만 방점을 둔다면 사업이 아니라 봉사를 해야 한다. 그러므로 아이들이 나와 계속 공부를 해야 돈을 벌 수 있다. 만일 이 책을 보는 분이 월급 강사라면 내가 쓴《돈 되는 공부방》이란 책을 꼭 한번 읽어보기 바란다.

한 명이 아쉬워도 문제 학생은 과감히 정리해야 한다

"황 원장님, 중1 반에 애들이 5명인데, 수업 시간마다 비트 박스를 하는 골칫덩어리 남자아이가 있는데, 이 아이를 잘라야 되나요, 말아야 되나요? 도대체 말을 안 들어서 속상해 죽겠어요."

"저는 공부를 못하는 아이는 절대 자르지 않습니다. 머리가 나쁜 아이도 절대 자르지 않습니다. 하지만 수업을 방해하거나 선생님에게 너무 버릇없이 구는 아이는 제 수업을 받을 자격이 없다고 생각합니다. 학부모한테 몇 번 말하고 그래도 개선되지 않으면 과감하게 정리합니다. 문제 학생 때문에 다른 아이들이 그만둘 확률이 높기 때문입니다."

"그렇기는 한데, 현재 학생이 별로 없어서요. 한 명이 아쉬운 상황이라서요."

몇 주일 후 이런 전화를 받았다.

"황 원장님, 이번 주에 그 비트박스 학생이 그만뒀는데, 아니나 다를까 다른 아이 4명도 짜증 난다고 그만둬서 중1 반은 이제 1명 남았어요. 그때 원장님 조언을 들었어야 했는데…."

문제를 일으키는 아이들은 대개 오래 다니지 않는다. 하지만 그런 아이들 때문에 반 전체가 해체되는 경우가 많으니 아무리 아쉬워도 미래를 위해 결단을 내려야 한다.

소탐대실, 작은 것을 지키려다가 오히려 큰 것을 잃는다는 말이 있다. 너무 버릇없는 아이나 수업을 방해하는 아이들은 절대로 나의 고객이 아니다. 물론 그런 아이들을 먼저 사랑으로 대하고, 바꿔도록 선생님이 노력을 기울이는 게 맞다. 하지만 내가 정말 최선을 다했음에도 불구하고 바뀌지 않는 아이는 내보내는 결단이 필요하다.

어느 정도 경력과 노하우가 쌓이다 보면 내 말 한마디에 숙제를 다 해오고, 시장 바닥처럼 시끄러운 반도 절간처럼 조용한 곳으로 만들 수 있게 된다. 나 역시 쉬운 일은 아니었지만 아이와 신뢰를 쌓으면 불가능해 보이는 그런 일들이 어느 순간 가능해진다. 각자 자신만의 현명한 방법을 찾아내기 바란다.

늘 상위권을 유지시켜 주는데
왜 소개를 안 해줄까

다른 학부모에게 소개시켜 주지 않는 이유

열심히 가르쳐서 늘 상위권 성적을 유지할 수 있게 해주면 학부모들이 잘 가르친다고 여기저기 소문을 내서 학생이 많이 들어올 것 같지만 의외로 그렇지 않다. 그래서 이런 하소연을 많이 한다.

"상위권 아이들은 친구 소개를 안 해주는데 이유가 뭘까요?"
"외고, 특목고 반은 학부모고 애들이고 정말 소개를 안 해줘요."
"고3 1~2등급만 5년째인데, 소개는 아예 해주지도 않아서 바라지도 않습니다."

학부모가 소개를 안 해주는 이유는 크게 두 가지다.

첫 번째는 소개해주는 것을 불편하게 생각하기 때문이다. 사람마다 성향이 달라 어떤 사람은 좋은 것이 있으면 여기저기 마구 알리는 사람이 있는 반면, 좋은 것이 있어도 나 혼자만 알고 싶어 하는 사람도 있다. 전자의 성향을 가진 학부모는 아이들마다 성적이나 실력 그리고 성격도 다 다른데, 만일 소개를 시켜줬다가 성적이 안 나오거나 맘에 안 드는 부분이 있어 그 엄마가 나를 탓하면 어떡해 라는 생각에 소개를 안 해주는 경우도 많다. 소심한 성격이거나 뒷 말 나오는 거 싫어하는 학부모가 이 부류에 속한다.

두 번째는 내 아이에게 소홀해질까 봐이다. 80~90점을 왔다 갔 다 하는 아이를 계속 95~100점을 맞게 해주면 '이런 선생을 어디 가 서 또 만날 수 있을까? 다른 아이를 소개해주면 바빠져서 내 아이한 테 소홀해질 수도 있어'라며 걱정이 앞서 소개를 안 해주는 것이다.

소개해줄 지인이 없는 경우에는 어쩔 수 없다

간혹 직장에 다니느라 주변에 친한 학부모가 없어서 소개를 안 시켜주는 경우도 있다. 초중고 삼남매를 가르친 적이 있었다. 아이 들도 나를 너무 좋아하고 성적도 팍팍 오르고 학부모도 나를 좋아 했다. 그런데 왜 소개를 안 시켜주는지 항상 의문이었다.

'뭔가 내가 부족한 거야. 그러니까 소개를 안 해주는 걸 거야. 더 열심히 가르쳐서 100점도 계속 받게 하고, 아이들 상담도 자주 하 고, 더 노력하면 분명 소개를 해주겠지'라고 생각했다.

나중에 알고 보니 내가 전혀 예상하지 못했던 이유가 있었다. 맞 벌이부부라서 주변에 친한 학부모가 없었던 것이다. 더욱이 서울에 서 일산으로 이사 온 가족이라 같은 아파트에 아는 사람이 없어서 소개를 못 해준 것이었다. 거의 5년 동안 가르치면서 4년째에 딱 한 명 소개받았다. 그런데 그때는 이미 가르치고 있는 학생이 너무 많아서 아쉽게도 더 이상 받을 수가 없었다.

100%가 아닌 200% 만족시켜라

앞서 살펴본 세 가지 경우 외에 선생님을 그다지 좋아하지 않아서 소개를 안 해주는 경우도 있다. 한마디로 학부모가 200% 만족하지 않아서다. 소개해주는 것을 불편해하거나 내 아이에게 소홀해질까 봐 소개를 안 해주는 학부모는 내가 어찌 할 수 없다. 하지만 나를 그다지 좋아하지 않아서 소개를 안 해주는 경우라면 심각하게 고민을 해봐야 한다.

다음 질문을 스스로에게 던져보자. 긍정적인 대답을 할 수 없다면 당장 고쳐나가야 한다.

- 학부모에게 매달 상담 전화를 하고 있나?
- 학생이 나를 좋아하나?
- 학생이 내 수업을 재미있어 하나?
- 성적이 지속적으로 잘 나오는가?
- 다른 학원, 공부방보다 수업 시간이 더 많은가?
- 시험 한 달 전부터 평일 또는 주말마다 더 봐주는가?
- 다른 곳보다 수업료가 조금 더 비싸지는 않은가?

학부모도 고객이고, 학생도 고객이다. 교육 사업에서 성공하려면 학부모와 학생, 이 두 고객을 모두 만족시켜야 한다. 그래야 소개도 나온다. 학부모가 나를 지인에게 소개시켜 주는 이유는 나에게 대만족을 하기 때문이다.

회사에 다니면서 열심히 일한다고 모두 승진하는 것은 아니듯이, 열심히만 가르친다고 해서 학부모가 소개를 시켜주진 않는다. 누군가를 소개시켜 줄 때는 다 이유가 있다. 내 아들딸이 봐도 좋은 선생님, 내가 봐도 좋은 선생님이기 때문에 소개를 시켜주는 것이다. 학부모는 100%가 아닌 200% 만족했을 때 최고의 선생님이라 생각해서 자녀를 오래 보내고 소개도 해준다.

"아이도 정말 만족하고 엄마도 만족하는데 소개를 하나도 안 시켜줘요"라고 서운해하지 말자. 졸업할 때까지 다니는 것만으로도 감사하게 여기자. 학부모가 만족하고 또 만족하고 대만족할 때까지 최선을 다하자. 그것이 수업이든 관리든 상담 전화든 보충이든 간에 말이다.

2부

고등 영어 성적

급상승 비법

1장

고등 영어 성적 급상승 로드맵 세우기

내신 준비, 한 달 만에
좋은 성적 안 나오는 이유

솔직히 고등부는 한 달만 시험 준비해서 좋은 성적이 나오기는 거의 불가능하다. 아무리 숙제를 많이 내줘도 다 해오는, 영어에 올인한 아이를 빼곤 말이다. 불가능한 건 다음 두 가지 이유 때문이다.

시험 범위가 너무너무 많다

2009년 교육개정이 이루어지고 고등부 시험 범위가 많아졌다. 교과서만 시험에 나오는 경우는 극히 드물고, 교과서 2~3개 과에 최소 모의고사 1회분(지문 37개)이 들어간다. 모의고사 1회분만 들어가면 일산에서는 정말 쉬운 문제를 내는 학교라 '땡큐 학교'라 부른다.

하지만 학원이 1천 개가 넘는 일산 같은 학원가 근처의 고등학교 대부분은 외부 교재 지문이 최소 30개는 들어간다. 그래서 고등부 시험 대비를 해줄 때마다 고역이다. 시험 때마다 수십 개의 지문을 외워야 하는데, 문제풀이와 빈칸 넣기 위주로 숙제를 내줘도 다른 과목도 공부해야 하니 대부분 다 풀어오지도 못한 채 시험을 치르게 된다. 당연히 결과는 안 봐도 비디오다(요즘은 안 봐도 동영상이라 한다).

대구는 이미 6~7년 전부터 지필고사 때마다 지문이 100개 정도 들어가고, 그 유명한 수원시 영통 지역은 지필고사 시험 범위 지문이 항상 200개여서 대부분 아이들이 공부하기 힘들어 내신(수시)보다는 수능(정시)으로 대학을 지원한다고 한다. 그런데 2019년에는 200개도 많은데 지문이 100개나 더 늘어 무려 300개를 공부해야 한다는 얘길 듣고 거의 기절할 뻔했다. 영통 지역 교육열이 높긴 하지만 이건 정말 영어 내신을 포기하라는 말처럼 들린다.

생각해봐라. 그 많은 지문에 그것도 학교마다 다 다른 교재 수업을 어떻게 혼자 감당할 수 있겠는가? 학원이야 선생님을 쓰면 된다지만 그건 수강생이 수백 명 이상 되는 큰 학원이나 가능한 말이다. 가르치는 애들도 몇 명 안 되는 과외쌤이나 공부방쌤은 선생을 따로 고용하기가 힘들다. 그러니 한 달 동안 내신을 준비하는 건 불가능하다.

갈수록 서술형이 늘어난다

서술형이 교과서가 아닌 외부 지문(모의고사나 EBS 또는 그 외 기타 출판사 독해 교재)에서 나오기 때문에 30~50%가량 되는 서술형을 찍어줄 수가 없다. 물론 그 학교의 시험지들을 보고 어느 정도 유형을 분석하면 예측은 가능하지만, 중학생 서술형처럼 '이거 100% 나와! 이거는 90% 나와!' 이렇게 족집게처럼 찍어줄 수가 없다.

2017년부터 2015년 개정 교육과정으로 바뀌고 나서 깜짝 놀랄 만한 일이 일어났다. 금촌이라는 파주의 작은 동네 고등학교에서 서술형 문제가 40%나 나왔다. 일산이나 파주의 대부분 고등학교는 서술형이라고 해도 4~6문제 정도 나오는데, 갑자기 서술형이 10문제, 즉 거의 2배가 나와서 아이가 시험을 망쳤다.

왜 이런 일이 벌어졌는지 원인을 찾으려고 몇 달 동안 여기저기 뉴스를 뒤지다가 교육부에서 '고등부 쓰기를 강화시켜라!!!'는 지침을 내렸다는 걸 알게 되었다. 2018년부터 수능영어가 절대평가로 바뀌면서 한때 이제 영어학원은 망했다는 말들을 많이 했다. 하지만 사람들이 생각한 만큼 절대평가 1등급 받는 일은 만만치가 않았다. 그리고 교육부는 수능영어를 절대평가로 전환하면서 말하기, 듣기, 쓰기 등 실용영어를 강화했다. 그 결과 내신에 서술형 문제가 많이 나오게 된 것이다.

경기도의 어느 자사고는 매번 시험 때마다 서술형이 70%나 나온다. 머지않아 고등학교도 중학교처럼 올 서술형 문제가 나올 것 같다. 이건 단지 나만의 생각이 아니다. 전국의 10년 차 이상의 경력을 가진 영어 원장들의 생각이기도 하다. 이후 나는 영작(서술형 문제)에 올인하기 시작했다. 어쨌든 하늘이 무너져도 솟아날 구멍이 있다고 했다. 시험 지문이 100개가 나오든 300개가 나오든 방법은 있다.

오랜 궁리 끝에 어떤 수업을 하고 어떤 숙제를 내줘야 성적이 잘 나올지 그동안의 경험과 노하우를 바탕으로 방법을 찾아냈다. 137쪽에 누구든지 따라 할 수 있도록 시험 대비 성적 급상승 8주 플랜을 한눈에 알아보기 쉽게 표로 정리해두었다. 이 플랜대로 따라 한다면 정말 기적 같은 일이 일어날 것이다. 100% 따라 하기 힘들다면 70~80% 정도라도 실천에 옮겨보기 바란다.

성적은 학기 중에,
실력은 방학 때

1년 치 시험 유형을 완벽 분석하라

고등부 시험은 범위가 워낙 많아서 본문만 다 외울 수 있다면 최소 3등급은 찍는다. 그런데 시험 범위에 해당하는 지문이 무지막지하게 많은 게 문제다. 하지만 앞으로 알려줄 숙제 노하우를 제대로 따라 하면 아무리 지문이 많아도 충분히 다 외울 수 있다.

그리고 시험 대비는 내가 가르치는 아이들 학교의 기출 시험지들(족보)을 확보하는 게 중요하다. 최소 1년 치 시험지를 완벽하게 분석해서 오로지 그 학교 시험 유형에 맞춘 수업을 하고 레벨별 숙제를 내주면 1등급이 나오게 만들 수 있다.

시험과 실력 급상승 두 마리 토끼 잡는 법

학기 중에는 아이들 실력을 키워줄 생각하지 마라! 한 등급만 떨어져도 득달같이 그만두는 게 고등부 아이들이다. 실력과 성적은 같은 개념이 아니다! 학기 중에는 실력이 아닌 성적 향상에 집중하고, 실력은 여름방학과 겨울방학 3~4개월 동안에 엄청나게 업그레이드시켜야 한다.

성적을 잘 받아서 내신(수시)으로 대학 가려고 비싼 돈 내고 학원(공부방) 다니는데, 성적이 오르기는커녕 더 떨어진다면 내가 학생이라도 바로 그만둘 것 같다.

꼭 명심하자!

학기 중에는 오로지 시험만을 위해서, 방학 때는 오로지 실력 급상승을 위해서 노력해야 한다!

그래야 소문난 고등부 선생, 고등부 원장이 되는 것이다.

시험 대비 성적 급상승 8주 플랜

　지금부터 학기 중에 시험 대비를 위해 수업을 어떻게 진행해야 하는지, 숙제는 어떤 걸 내줘야 하는지 구체적으로 살펴보겠다. 다음에서 제시하는 8주 플랜대로 따라 한다면 확실하게 성적을 올릴 수 있을 것이다.

　시험은 8주 전에 대비하는 게 맞는데, 모의고사는 조금 다를 수 있다. 보통 6월에 본 모의고사가 다음 달 7월 시험에 들어가거나 11월에 본 모의고사가 12월 기말고사에 들어가는 경우가 많으니, 이 경우는 시험이 한 달도 안 남은 상황이라 조금 급박하다. 그래서 이런 모의고사는 시험보자마자 바로 시험 대비에 들어가야 하는데, 이때는 이미 교과서와 외부 교재(주로 EBS 교재)에 대한 시험 대비가 어느 정도 마무리되는 상황이어야 한다. 시험 대비 수업은 다음 장에 자세히 나오니 꼭 2번 정독하기 바란다.

	수업	숙제
1주	• 시험 범위 지문 내용 요약한 것 빠르게 읽어주기	• 녹음 : 시험 범위 전 지문 단어, 숙어 3번씩 + 시험 범위 전 지문 해석만 1번
2주	• 1주 차와 동일	• 녹음 : 시험 범위 전 지문 단어, 숙어 3번씩 + 시험 범위 전 지문 해석만 1번 + 영어 지문 3번씩(많으면 1번만, 그 다음 주부터는 3번씩) • 문제풀이 : 시험 범위 전 지문 두 개 중에 하나 선택하는 문제
3주	• 전 지문 어휘 설명(파생어 정리한 것들, 중요 숙어, 동의어 포함)	• 녹음 : 시험 범위 전 지문 단어, 숙어 3번씩 + 시험 범위 전 지문 해석만 1번 + 영어 지문 3번씩(많으면 1번씩만) • 문제풀이 : 시험 범위 전 지문 빈칸 넣기
4주	• 3주 차와 동일	• 녹음 : 시험 범위 전 지문 단어, 숙어 3번씩 + 시험 범위 전 지문 해석만 1번 + 영어 지문 3번씩(많으면 최소 1번씩만) • 문제풀이 : 시험 범위 전 지문 문제 중 빈칸 넣기, 문장 삽입, 문단 삽입, 문단 배열, 문장 배열, 내용 일치 문제처럼 본문만 보고 풀 수 있는 문제(서술형은 예외) • 주의 : 3등급 이하는 영어로 설명된 내용 일치 문제 주지 않기
5주	• 중요 어법만 설명. 시험에 잘 나오거나 아이들이 어려워하는 것들 위주로 가르침	• 녹음 : 4주 차와 동일 • 문제풀이 : 예상 기출문제 모두(서술형 문제 포함) • 쓰기 : 2~4등급만 해석 보고 영작 숙제 • 주의 : 시험 범위 모두 해야 함. 5등급 이하부터는 영작 자체가 안 되므로 지문 영작 숙제 내주지 않기
6주	• 5주 차와 동일	• 5주 차와 동일
7주	• 해석이 힘든 문장들(문법이 2~3개 들어간 문장들)은 모두 어법, 해석 설명해주기	• 녹음 : 6주 차와 동일 • 문제풀이 : 예상 기출문제 틀린 문제들 다시 풀게 하기(최소 3번은 다시 풀어야 시험 볼 때 틀리지 않는다) • 쓰기 : 시험 범위 전 지문에서 못 쓴 것만 계속 안 보고 영작시키기(틀린 영작은 맞을 때까지 계속 시킴)
8주	• 7주 차와 같음	• 녹음 : 7주 차와 동일 • 문제풀이 : 예상 기출문제 2번 이상 틀린 문제들만 다시 풀기(최소 3번은 풀어야 시험 볼 때 틀리지 않는다) • 쓰기 : 시험 범위 전 지문 중에서 2번 틀린 것만 계속 안 보고 영작 시키기(틀린 영작은 맞을 때까지 계속 시킴) • 주의 : 시험 일주일 전에는 아이들이 시간이 너무 없으니, 문제풀이와 영작은 2등급 이상부터는 3번 이상 틀린 것만 숙제로 내기

2장

등급별 맞춤
수업 노하우

성적을 급상승시키는
5단계 수업법

나는 중등부와 마찬가지로 고등부도 교과서 본문 수업은 절대로 하지 않는다! 교과서 본문과 해석 녹음하는 걸 숙제로 내주므로 수업 시간에 교과서 본문을 가르칠 필요가 없다. 지문은 한 번 읽어주기만 하고 해석은 해주지 않는다. 대신 해석지를 준다.

그러면 선생인 나는 수업 시간에 무엇을 해야 하는가? 문법과 영작 그리고 외부 지문을 가르쳐야 한다. 시험 범위에 해당하는 교과서나 EBS 지문으로 수업한다. 그리고 모의고사 준비도 해주지 않는다. 다만 지필고사에 들어가는 모의고사는 설명해준다.

고등부는 시험 범위에 해당하는 지문 양이 엄청나서 3단계로 나누어 가르친다. 하지만 상위권은 5단계로 나누어 가르친다.

0단계 : 수업 전에 해야 할 사전 작업

아이의 레벨에 상관없이 공통적으로 해야 할 사전 작업이 있다. 먼저 아이들에게 시험 범위 전 지문에 해당하는 해석지를 나누어주고 물음(?)표와 별(☆)표를 치라는 숙제를 내준다. 해석지를 읽었는데도 무슨 내용인지 전혀 이해가 안 되면 물음표를 치고, 잘 이해가 안 되는 것들은 별표를 치는 것이다. 그런 다음 수업 시간에 물음표, 별표, 나머지 순으로 핵심 내용을 요약해준다.

1단계 : 핵심 내용 정리

아이들에게 어휘나 어법을 알려주기 전에 가장 먼저 할 일은 시험 범위에 들어가는 교과서, 외부 지문, 모의고사 등 모든 지문의 첫 문장만 읽고, 내용의 요지를 한두 문장으로 요약 정리해서 알려주는 것이다. 이때 명심해야 할 점은 초등학교 3학년도 알아들을 정도로 쉽게 한두 문장으로 요약해줘야 바닥권 아이들도 알아든다는 것이다.

모의고사나 EBS 지문은 선생인 내가 해석지를 읽어봐도 무슨 말인지 잘 이해가 안 되는 부분이 있어 몇 번이나 반복해서 읽는 경우가 있다. 그러니 아이들이 해석지를 봐도 내용을 이해 못하는 게 당연하다. 해석지에 어려운 용어가 나오면 그 말을 풀어서 알기 쉽게 설명해줘야 한다. 영포자 아이들은 영어뿐만 아니라 국어도 잘 못하므로 문해력이 떨어진다. 국어 잘하는 아이가 영어도 잘한다는 말이 그래서 나온다.

아이들이 일일이 해석을 못해도, 전체적인 내용을 이해하면 '윗글의 내용과 일치하는 것을 고르시오' 또는 '본문의 내용과 일치하지 않는 것을 고르시오' 등의 문제를 어렵지 않게 맞힐 수 있다. 이런 문제는 시험에 꼭 나온다.

줄거리 요약 정리는 내가 오랜 시간 아이들을 가르치면서 확실한 효과를 거둔 방법이니 이 책을 읽는 선생님들은 반드시 실천해보기 바란다. 내가 운영하는 카페 회원 원장쌤에게 이 방법을 알려줬더니 인강 영어 1타 강사들도 이런 식으로 가르친다며 나를 추켜세워줘서 '내 방식이 좋은 게 분명하구나' 싶어 나름 뿌듯하기도 했다.

2단계 : 어휘 확장(접두사, 접미사)하기

시험 범위에 해당하는 모든 단어를 정리한다. 그다음 그 단어들과 연관된 파생어를 알려준다. 이때 일일이 칠판에 적는 선생님도 있는데 이렇게 하면 힘들기도 하고 시간이 많이 걸린다. 단어를 입력한 출력물을 아이들에게 나눠준 다음 빠르게 읽어주면 시간도 얼마 안 걸리고 아이들이 복습하기도 편하다.

예를 들면 이런 식이다. independence(해방, 독립)라는 단어가 나오면 depend, dependent, dependence, independent 등의 파생어를 정리하고, 이 단어가 어디서 왔는지를 알려주면 아이들의 어휘 실력이 급속도로 늘어난다. 이런 단어들은 무조건 암기나 녹음 숙제를 내준다.

3등급 이상부터는 이미 고1 때부터 수능에 잘 나오는 단어와 숙어, 동의어를 고3 수능 보기 전까지 계속 녹음시켜서 구구단처럼 입에 완전히 붙게 만든다.

ex1) 비록 ~임에도 불구하고

after **all** = with **all** = for **all**

= in **spite** of = de**spite** = notwithstanding

= in the **face** of = in the **teeth** of

= apart **from** = aside **from**

= **in** the presence of = **in** one's presence

= regardless **of** = irrespective **of**

ex2) 결국, 마침내

after all(결국, 비록 ~임에도 불구하고)

= final**ly** = eventual**ly** = ultimate**ly**

= **in** the long run = **in** the end = **in** the **result** = **in** conclusion

= **at** last = **at** length

3단계 : 중요 어법 알려주기

시험 범위에 해당하는 모든 지문의 어법(문법)을 분석한 것을 출력해서 중요하거나 시험에 반드시 나올 것 같은 부분들만 미리 형광펜을 칠해놓고 읽어준다. 한 자 한 자 일일이 써가면서 설명해줘도 좋다. 하지만 그건 시험 범위가 2~3개 과밖에 안 되는 중등 아이들의 경우다. 고등부 시험 범위 지문은 최소 30개이고 보통 70~80개인데 어느 세월에 다 해주겠는가.

애들이 이해하든 못하든 일단은 시험 범위에 들어가는 모든 지문의 중요한 어법을 빠르게 읽어주며 설명한다. 어법 설명은 상위 권 빼고는 대부분 잘 알아듣지 못하므로 주말에 보충수업을 한다. 하나하나 자세히 설명하기보다는 전체적으로 훑어주는 식이다.

솔직히 말하면 사실 고등부 어법은 문법이 아니다. 대부분이 숙어일 뿐이다. (물론 어법책에는 구문이 들어간 게 많은데, 이건 사실 중학교 때 나오는 것이기 때문에 그냥 패스한다.) 예를 들면 다음과 같다.

not only A but also B = B as well as A

단어와 숙어는 설명이 무의미하다. 그냥 외울 수밖에 없다. 그런데 외우면 계속 까먹으니까, 녹음 숙제를 내줘 외우게 만드는 것이다.

그리고 아이들에게 문법을 쉽고 가볍게 설명해줄 수 없다면 다른 선생님에게 쉽게 가르치는 방법을 배워야 한다. 초보쌤 시절의 나도 그랬지만, 문법을 아직도 80~90년대처럼 가르치는 선생님이 많다. 시대가 바뀌면 나도 바뀌어야 한다. 쉽게 설명해주는 인강 1타 강사의 강의를 듣든 유튜브를 보든 노력을 해야 한다.

4단계 : 정말 어려운 지문 해석해주기

3등급 이하 아이들은 정말 어려운 지문은 해석을 해줘도 이해를 못한다. 시험 공부할 시간도 별로 없는데 괜히 어려운 지문 붙잡고 설명하면 시간만 낭비할 뿐이다. 정말 어려운 지문은 1~2등급을 받는 상위권 애들한테만 해주면 된다.

5단계 : 시험에 나올 만한 서술형 문제 알려주기

보통 시험에 나오는 서술형 문제(영작)는 쉬운 것들도 있지만, 대부분 문법 사항이 2개 이상 들어간 지문이 나온다. 그런데 이것들은 기본적인 문법을 어느 정도 알아야 맞힐 수 있는 문제이므로 2등급 이상의 아이들에게는 수업 시간에 영작과 문법을 추가로 설명해줘야 한다. 추가로 하나 더 말하자면, 가정법 도치구문이나 분사구문도 시험에 잘 나오므로 자세히 설명해줘야 한다.

ex) 관계대명사+현재완료

그는 내가 여태까지 만났던 사람들 중 가장 위대한 남자였다.

He is the greatest man who I've never met before.

한 교실에서
레벨별로 수업하기

레벨별 수업

한 명만 가르치는 개별 과외가 아닌, 여러 명의 아이들을 한 교실에 모아놓고 가르치는 경우 학교마다 사용하는 교과서도 다르고 외부 교재도 달라서 한꺼번에 수업하기가 쉽지 않다. 그렇다고 학교별로 따로 반을 구성하자니 학생수가 얼마 안 되어 그것도 힘들다. 하지만 나는 여러 차례 시행착오를 거치면서 한꺼번에 수업할 수 있는 아주 효과적인 방법을 찾아내 성공적으로 수업을 진행할 수 있었다. 바닥권, 중위권, 상위권으로 레벨을 나눈 다음 레벨별로 모아서 앉게 한 다음 로테이션, 즉 돌아가면서 수업하는 것이다.

혹시 아이들이 로테이션 수업을 싫어해서 그만두면 어떡하냐는 걱정은 하지 않아도 된다. 어차피 대형 학원의 경우 레벨이 나누어져 있기 때문에 아이들은 성적만 잘 나오면 그다지 민감하게 반응하지 않는다. 레벨별 수업을 하면 자기 실력이 공개적으로 알려지는 게 싫어 그만두는 아이가 간혹 있기는 하다.

바닥권 수업

바닥권 아이들은 어법 설명을 해줄 필요가 없다. 단어 자체를 못 읽으므로 해줘도 못 알아들어서 시간 낭비일 뿐이다. 바닥권 아이들도 소중한 나의 고객임을 잊지 말자. 수업 시간에 괜한 괴로움을 줘서 그만 다니게 만들면 안 된다! 그 아이들 수준에 맞는 수업을 진행해야 성적도 오른다.

본문을 보고 풀 수 있는 문제만 풀게 한다. 영어로만 나온 내용 일치 문제는 풀지 않는다. 영어로 된 내용 일치 문제는 최소 60점대, 즉 4등급을 찍고 나면 풀게 한다. 그 정도 성적을 받으려면 최소 3천~5천 단어를 알아야 한다.

중위권 수업

중위권 아이들은 이해가 전혀 안 되는 지문은 물음표, 이해가 갈 듯 말 듯하거나 잘 모르는 것은 별표를 치라고 한 다음 그 부분만 한국말로 요지를 쉽게 정리해서 알려준다. 특히 모의고사는 지문의 내용 자체가 어려워서 무조건 해석지를 보고 쉽게 풀어서 한 줄로 요약해서 알려줘야 한다.

고등부 모의고사는 대부분 외국 사이트 사설이나 외국 뉴스 보도 내용 중 일부분을 떼와서 시험으로 내기 때문에 선생님들조차 해석지를 봐도 '밑도 끝도 없이 무슨 말하는 거야?' 할 정도로 잘 이해가 안 되는 내용들이 자주 나온다. 그러므로 해석지를 선생님이 쭈~욱 한번 읽어본 다음, 내용이 어려운 지문은 한국말로 한두 문장으로 요약정리해서 애들한테 알려줘야 애들이 바로 이해할 수 있다.

예를 들어 탄소배출권이 어쩌구 저쩌구… 이런 지문이 나온다면 "이 지문은 탄소배출권에 대한 내용인데 탄소배출권은 지구온난화 때문에 화석연료를 줄이기 위해 전 세계에서 합의한 거야"라고 탄소배출권에 대해서 간단히 덧붙여 설명해줘야 한다. 녹음은 지문의 요지만 시킨다. 여기서 요지는 '탄소 배출권에 관한 내용'이다.

상위권 수업

상위권 아이들은 해석지를 봐도 이해가 안 되는 것들만 설명해주면 된다. 그리고 한두 줄로 정리한 요지는 녹음 숙제로 내주고, 해석이 안 되는 문장들은 모두 밑줄 치게 해서 그것들만 한 번 정도 봐준다. 교과서와 외부 지문 등 시험 범위는 적당히 수업하고, 서술형과 어법 수업에 집중해야 한다.

로테이션은 책상 배열이 중요하다

대개 학원이나 공부방이나 일렬로 책상이 배열되어 있는데 로테이션 수업을 하려면 책상을 마치 유치원처럼 ㄷ자 배열로 바꾸어야 한다. 그래야 돌아가면서 수업할 수 있다.

레벨별, 유형별
맞춤 모의고사 문제집 만들기

레벨 나누기

아이들마다 성격, 학습 속도, 아이큐, 집중도가 다른데, 동일한 방법으로 가르친다는 건 너무 구시대적인 발상이다. 어휘, 문법 레벨, 그리고 해석 능력 등이 다르니 수준에 맞게 가르쳐야 한다는 말이다. 대충 중간 레벨에 맞춰서 가르치거나 시중에 나와 있는 (독해) 문제집을 던져주고 풀라고 하고 모르는 것만 설명해주는 쌤들도 많다. 예전의 나도 그랬다! 이건 선생으로서 너무 무책임한 행동이다. 이래서는 성적이 제대로 향상될 수 없다.

레벨에 맞춰 수업을 하려면 우선 기준을 정확히 세울 필요가 있다. 독해 문제는 최소 3등급 아이들부터 시작해야 한다. 4등급 이하 아이들은 단어가 부족할 뿐만 아니라 기초 문법조차 준비되어 있지 않다. 그래서 4등급 이하 학부모와 최초 상담을 할 때 최소 단어 5천 개, 중2~고2 기본 문법 70~80% 정도는 머릿속에 집어넣어야 3등급을 찍고 독해 문제를 쭉쭉 풀어갈 수 있다고 얘기한다.

그렇다고 이런 아이들에게 시험에 나오는 어법 문제를 전혀 가르치지 않는 게 아니다. 독해 문제에 잘 나오는 어법들은 모두 정리해서 녹음을 시켜 외우게 한다. 앞서 말했지만 어법 문제 중 많은 부분은 단순 암기만으로도 풀 수 있다.

3등급과 2등급은 수업을 시작할 때, 일주일에서 한 달 정도 기본 문법(중2~고2)을 모두 정리한 후 독해를 시작한다. 1등급(내신+모의고사) 아이들은 수능 어법과 수능 어휘를 병행하면서 바로 독해 문제집을 풀게 한다. 1등급 아이들은 어디 가서 어떤 선생을 만나더라도 잘하는 아이들이라 굳이 설명은 생략한다.

- 1등급 : 고1 모의고사 문제집부터 시작
- 2등급 : 중3 독해 문제집부터 시작
- 3등급 이하 : 중1 독해 문제집부터 시작

중학생 독해 문제집을 학년당 최소 10권씩 풀게 하라. 20~30권이면 더 좋다. 시작은 항상 쉬운 문제집부터 하는 게 좋다. 그래야 숙제를 잘 해온다. 숙제를 잘 해와야 실력이 쑥쑥 늘어난다. 특히 독해는 쉬운 것부터 해야 한다.

레벨별, 유형별 맞춤 모의고사 문제집을 만들어라

레벨별, 유형별 모의고사 문제집을 만들어두면 엄청난 자산이 된다. 전국 모의고사 문제지를 모아서 만들면 되므로 돈이 크게 안 들어간다. 모의고사 문제지는 네이버 영어 카페들에서 쉽게 찾을 수 있다. 모의고사 문제지를 모은 다음에는 1개 유형당 최소 100개 지문을 정리한다. 예를 들면 고1~고3 어법 문제 100개, 빈칸 추론 문제 100개 이런 식으로 만들어둔다. 그런 다음 평소 아이들이 자주 틀리는 부분만 집중적으로 훈련을 시킨다.

모의고사 기출문제 유형별로 내용 일치, 그래프, 장문독해

모의고사 문제집, EBS 문제를 짜깁기해서 유형별 문제집을 만드는 걸 추천한다. 물론 시중에도 모의고사 유형별 문제집이 엄청 많이 나와 있지만, 난이도별로 레벨별로는 정확히 안 나와 있다. 그러므로 고1 상중하 유형별, 고2 상중하 유형별, 고3 상중하 유형별 이렇게 총 9개의 레벨별 맞춤 교재가 필요하다. 이때 1레벨당 3천~5천 문제를 만들길 추천한다.

그동안 수많은 영어 선생님들을 만나봤지만 이렇게 만든 선생님은 나 외에 7년 동안 딱 1명 봤다. 나는 예전에 모의고사 문제집과 EBS 문제집을 일일이 입력해서 무에서 유를 만드느라 너무 고생했다. 이렇게까지 할 필요는 없다. 복사를 하거나 스캔을 해서 사용해도 된다. 시중에 나와 있는 문제들을 레벨에 맞게 재배치하는 것은 시간은 좀 걸리지만 그리 어렵지는 않다.

레벨별, 유형별 맞춤 모의고사 문제집을 만들 때는 각 지문을 보면서 어떤 단어가 사용되었는지, 어떤 문법 사항들이 들어갔는지 모두 확인해야 한다. 모의고사 문제의 난이도를 확인하기 위함이다.

예를 들어 고1 모의고사 문제라도 중간이나 뒷부분엔 고2 레벨이 포함되어 있고, 고2 모의고사 문제에도 고3 레벨의 문제가 섞여 있기 때문에 일일이 본문 지문을 읽어보고 짜깁기를 해야 한다. 다시 말해 한 모의고사 시험지 내에서 단어와 문법 내용이 쉬운 것과 어려운 걸로 나뉘어 있는데, 이걸 레벨에 맞게 분류를 해야 아이들마다 각자 레벨에 맞는 문제를 줄 수 있다.

하지만 이런 작업이 너무 고역이라 대부분의 선생님은 문제은행 사이트에서 돈을 주고 산다. "돈 주면 엄청 많이 살 수 있는데, 바보같이 뭐 하러 만들어?"라고 생각하기 때문이다.

하루에 10개 지문을 확인한다면 1년이면 3,650지문×최소 3문제=1만 문제가 나온다. 좀 더 열심히 해서 하루에 30개 지문씩 확인한다면 1년에 3만 문제를 뽑아낼 수 있다.

이때 주의사항이 있다. 내가 만든 지문도 아니고, 내가 만든 문제도 아니기에 돈을 받고 아이들에게 팔면 저작권 문제에 걸리니, 돈을 받지 않고 그냥 주는 게 좋다.

그리고 다시 한번 강조하지만 그 어떤 영역을 대비하더라도 단어 암기는 항상 기본이다. 그냥 외우는 것보다 10배 이상 효과가 좋고, 속도도 빠른 단어 녹음을 강력 추천한다! 금세 실력이 향상되어 아이들도 좋아하고, 가르치기도 수월하다.

대면 수업, 줌 수업
한 번에 해결하기

줌 수업

2020년 3월 11일, 세계보건기구(WHO)는 코로나19 팬데믹을 선언하였다. 그 누구도 예상하지 못한 코로나 바이러스가 세상을 뒤덮으면서 전 세계가 공포에 휩싸였다. 바이러스 확산을 막기 위해 학교는 문을 닫고 모임 인원 수가 제한되었다.

그 여파로 학원, 공부방 사교육 시장도 심하게 출렁였다. "등교를 하지 않는데 웬 학원, 공부방이냐?" "등교 전까지는 가지 않겠다. 쉬겠다" 하는 학부모들이 우후죽순 쏟아져 나왔다.

지금이야 학교에 안 가면 다들 줌(zoom)으로 수업을 하지만, 코로나19 팬데믹이 시작된 초창기에는 그냥 쉬는 학교들이 많았다. 2020년 5월부터 등교를 하기 시작했지만 학원, 공부방은 이전과 같지 않았다. 학생수가 반 토막 이상 난 학원, 공부방도 많았다.

게다가 학교에서 줌으로 수업하기 시작하면서 코로나 감염 위험 때문에 학원이나 공부방에 안 가고 줌으로 수업을 받겠다는 아이들이 늘어났다. 한번도 줌으로 수업을 해본 적이 없는 선생님들은 어쩔 줄을 몰라했다. 나는 2018년 유튜브 생방송 강의를 하기 이전부터, 웨비나(Webinar, 웹 세미나, 화상 세미나)를 통해 인터넷 생방송을 해왔던 터라 줌에 대해 매우 잘 알고 있었다. 그래서 내 카페 선생님들에게 도움을 주기 위해 2020년 2월 유튜브를 통해 무료로 줌 사용법을 알려주었다. 사교육계 처음으로 줌으로 쉽게 영어 수업하는 방법을 알려준 것이다. 당시 100명 이상이 신청할 정도로 반응이 폭발적이었다. 지금은 누구나 줌으로 수업을 한다. 알고 보면 너무 쉬운데, 한 번도 안 해본 것이라 다들 생소해서 당황하는 바람에 우왕좌왕했었다.

대면 수업 시 줌으로 접속해서 동시 수업하기

초등학생은 줌 수업을 하고 중고등학생은 대면 수업을 하다 보니 공부방을 운영하는 원장님들은 난리가 났다. 내 핸드폰은 원장님들이 걸어오는 상담 전화로 불이 났다.

> "황 원장님, 코로나 때문에 줌 수업을 원하는 엄마들 때문에 초등은 줌으로 수업하고 중고등은 대면으로 수업하다 보니 아침부터 밤 12까지 가르칩니다. 방법이 없나요? 너무 힘들어 죽겠습니다."

대부분 대면 수업과 줌 수업을 따로 했다. 회비는 같은데, 아침부터 밤까지 수업 시간이 두 배로 늘어 고충이 이만저만이 아니었다. 며칠 고민 끝에 내가 운영하는 카페 회원들에게 무료로 해결책을 알려줬더니 다들 고마워했다. 이 책 독자들을 위해 다시 한번 공개하겠다.

방법은 매우 간단하다. 학원이나 공부방에서 대면 수업하는 애들은 TV 모니터(또는 프로젝터)로 수업한다. 이때 줌으로 접속해서 집에 있는 아이들도 수업을 듣게 한다. 이걸 녹화해놓고 나중에 복습시킬 때 또는 자습시간이나 주말에 동영상 녹화본을 보고 문제를 풀게 한다.

어찌 보면 너무나 간단한 방법이다. 대면 수업, 줌 수업을 따로 했던 선생님들로부터 감사 문자를 많이 받는다. 세상에 답이 없는 문제는 없는 것 같다. 길을 찾으려고 하면 그 길은 반드시 찾을 수 있다는 게 내 모토다.

프로젝트보다 대형 TV 모니터가 좋다

참고로 비싼 터치스크린이나 프로젝트는 비추한다. 프로젝트는 천장에 고정해야 하고, 전기를 연결해야 하는 단점이 있다. 프로젝트 대신 장소 이동도 가능하고, 프로젝트에 비해 화질도 훨씬 선명한 중소기업 65인치 TV 모니터(60만~70만 원대)를 추천하다. 물론 여유가 된다면 대기업 TV도 좋다.

대형 TV 모니터는 중고등학생 아이들의 수업 집중도를 높이고, 복습하기도 너무 좋다. 그리고 시험이 끝난 다음 날이나 연말에 아이들에게 영화를 보여주는 등 활용도가 많다.

나는 시험 끝난 다음 날은 절대 수업을 하지 않는다. 시험지를 분석하면서, 시험 보느라 수고했다며 아이들에게 피자나 치킨을 사 주고 재미있는 유튜브 영상 한 편을 보여준 뒤 집에 보낸다. 그날은 숙제도 없다. 시험 공부하느라 고생했는데, 하루 정도는 숙제 없이 쉬는 것이 좋다. 아이들에게 숨 쉴 틈을 주어야 한다.

따로 시간 안 내고
시험 대비 수업 영상 찍기

수업 영상 활용하기

고등부의 경우 시험 기간이 되면 밤 12시까지 수업을 했다. 주말에도 아침부터 밤까지 하루 종일 수업이다. 그렇게 수업을 해도 시험 범위가 너무 많아서 한 번만 설명해서는 아이들이 제대로 이해하지 못한다. 그래서 최소 2~3번 정도는 반복해줘야 하는데, 학원처럼 선생님을 쓸 수 없는 공부방, 교습소에선 이 일을 혼자서 다 해내야 한다. 방문과외 선생님도 예외는 아니다.

이런 어려움을 해결해주는 손쉬운 방법은 수업 영상이다. 베테랑 선생님들은 수업 영상을 활용해 아이들을 가르친다. 공부방 선생님이나 과외 선생님뿐만 아니라 대형 학원 선생님도 그렇게 한다. 수업은 한 번만 하고, 아이들이 어려워하는 부분은 수업 영상을 다시 한번 보고 문제를 풀게 한다. 그런데 고등부 선생님들은 너무 바빠서 영상을 따로 찍을 시간이 없다는 게 문제다.

수도권 모 고등부 전문학원 원장님은 처음에는 시간적 여유가 좀 있는 방학 때 영상을 찍었다. 그런데 아이들이 계속 들어오면서 학교가 15군데나 되자 도저히 영상을 따로 찍을 시간이 없어서, 수업 시간에 수업하는 것을 찍어서 복습을 시켰다고 한다. 사실 수업 영상은 따로 찍을 시간도 없거니와 따로 찍어서도 안 된다. 유명 인강 강사들이 현강을 하면서 수업 영상을 찍는 것처럼 공부방이나 과외 선생님도 수업을 하면서 영상을 찍어야 한다.

시흥에 있는 한 학원 원장님은 교과서, EBS 모의고사 등 전 지문의 수업을 모두 영상으로 찍어서 아이들이 집에서 숙제를 해올 수 있게 했다. 그 원장님은 자기가 설명해줘야 애들이 집중을 잘한다며 아무리 교과서가 바뀐다 해도 한번 찍어두면 최소 5년은 사용할 수 있지 않겠냐며 2년간 힘들게 찍었다. 그런데 몇 년 후 교과서도 바뀌고 EBS 교재들이 다 바뀌는 바람에 무용지물이 되고 말았다.

이처럼 무리를 해서 영상을 찍을 필요는 없다. 평소 수업하는 것을 녹화하면 된다. 아주 간단하다! TV와 판서 수업용으로 사용하는 태블릿을 연결해서 수업하는 것을 '화면 녹화 어플'로 녹화하면 끝이다. 구글 '플레이스토어'에 들어가서 '화면 녹화'라고 검색하면 많은 어플이 나오는데 그중 하나를 다운로드한 다음, 태블릿으로 수업을 시작할 때 어플을 실행시키고 녹화 버튼 누르면 태블릿 화면과 선생님의 목소리가 녹화된다. 얼굴은 안 나온다. 복습하는 데 굳이 얼굴이 나올 필요는 없다.

집에서 이 영상을 보고 문제를 풀거나, 시험 때 주말 보충 시간에 학원이나 공부방에 와서 영상을 본 다음 문제를 풀게 한다. 다만 교과서와 부교재에 나와 있는 지문들은 저작권이 있는 것들이라서 내 영상에 등장하면 곤란한 문제가 발생할 수 있으니 조심해야 한다.

시간이 없으면 아바타로 대신하기

어떤 선생님은 나 대신 아바타를 내세워 활용하기도 한다. 아바타는 두 가지다. 내 수업을 찍은 영상은 나의 아바타이고, 남의 수업을 찍은 영상은 제3의 인물이 등장하는 아바타이다.

나의 아바타는 선생인 내가 화면에 시험 범위 지문을 띄워놓고, 태블릿에 펜으로 적으면서 지문 내용을 설명하며 녹화한다. 이 영상을 아이들에게 보여주거나 영상 한 번 본 다음에 문제 풀게 한다. 바닥권 애들에겐 영상을 미리 보고 오게 하고, 수업 때는 잘 해석이 안 되는 것 위주로 짧게 설명한다. 앞서 설명했지만 저작권 문제가 있으니 이런 방법이 있다는 것 정도로만 참고하기 바란다. 참고로 인강 강사의 경우 돈 내고 지문을 사므로 법적인 문제가 없다.

그리고 다른 사람이 찍은 영상을 아바타로 이용하는 건 극구 말리고 싶다. 선생님 본인이 고등부 인강을 등록해서 몰래몰래 쉬쉬하면서 이걸 보충 시간에 보여주는 선생님들도 있는데, 이건 더 큰 불법이라 권하지 않는다. 남의 콘텐츠를 무단 도용하는 것과 마찬가지로 소송이 걸리면 큰 벌금을 내야 한다.

자기주도형 수업

요즘엔 영상을 제공하는 고등부 전문 프랜차이즈 프로그램을 도입해서 아이들에게 영상을 보게 한 후 문제를 풀리는 곳이 심심치 않게 보인다. 일명 자기주도형 고등부 전문학원이다. 자기주도형 학습은 초등부에서 유행하기 시작하더니 중고등부까지 등장하고 있다. 애들이 영상을 보고 궁금하거나 모르는 걸 질문하는 식인데, 좋은 시스템인 건 맞다.

하지만 조건이 있다. 아이가 멍 때리거나 딴짓하지 않고, 동영상 수업을 집중해서 잘 들어야 한다는 것이다. 아무리 좋은 약이 있더라도 먹지 않으면 백약이 소용이 없지 않은가. 특히 문법 용어도 거의 모르는 바닥권 애들은 따로 일일이 봐줘야 한다. 중3 겨울방학 때 인강 한두 번 안 들어본 애들은 없다. 아이들이 학원이나 공부방에 오는 건 인강이 아니라 선생님의 수업을 듣기 위함인데, 인강 듣고 질문하라니…. '인강 보고 문제 풀 거면 집에서 혼자 하면 되지, 내가 굳이 여기 다닐 필요는 없잖아'라고 생각하고 한 달 만에 그만두는 경우가 허다하다.

다만, 선생님을 따로 고용할 수 없는 공부방이나 교습소나 1인 학원이라면, 선생님 대신 인강을 사용하는 것도 유용할 듯하다. 어차피 아이들에게 몇 번씩 계속 설명하는 것은 한계가 있다. 자기주도형 수업이 대세가 되려면 아직 시간이 필요해 보인다. 대세가 되기 시작할 때 그때 바꿔도 늦지 않을 듯하다.

만일 자기주도학습 공부방을 차리고 싶다면 서울이나 분당, 위례, 판교 등 잘사는 신도시 말고 다른 지방 도시에서 하길 권한다. 잘사는 동네 엄마들은 선생님이 가르쳐주는 수업 시간이 짧은 걸 안 좋아하는 경향이 있다.

정시, 수시
맞춤별 수업하기

학년에 따라 달라진다

'수시냐 정시냐?' 목표에 따라 티칭 방법과 숙제가 달라야 한다. 그래서 둘 중 하나만 선택해야 한다. 하지만 고1~2 때는 수시를 준비할지 정시를 준비할지 명확하지 않기 때문에 수시와 정시 둘 다 대비해달라는 학부모와 아이들이 많다. 이런 경우에는 좀 힘들지만, 힘닿는 데까지 대비를 해줘야 한다. 대비를 안 해주면 옆의 경쟁 학원, 경쟁 공부방으로 옮겨버리기 때문이다.

하지만 고2 2학기라면 둘 중 하나만 선택하게 해서 전력 질주해야 한다. 특히 고3은 둘 중 하나만 선택할 수밖에 없다. 두 마리 토끼를 잡으려다 둘 다 놓칠 수가 있다.

수시는 내신에 올인한다

듣기 숙제는 따로 내줄 필요 없고 내신에만 올인한다. 아이가 다니는 학교 기출문제 몇 년 치를 확보해서 이를 분석한 예상문제를 만들어야 한다.

정시는 듣기와 독해에 목숨 걸자

정시라면 듣기와 독해에 목숨 걸자! 특히 바닥권 학생들은 듣기와 독해만 잘해도 수능 성적을 획기적으로 올릴 수 있다. 공부를 할 때는 목표 등급을 정해야 하는데, 영포자는 2등급, 5~6등급은 1등급을 목표로 하자.

모의고사 유형별 디테일 문제들로 실수하는 구간을 모두 줄여야 한다. 18~45번까지, 어법과 빈칸 추론은 물론, 문장 삽입, 문단 삽입, 주제, 요지 찾기 등등 수십 개의 유형 중 아이가 자주 틀리는 부분을 수백 문제 풀려야 한다. 이때 단어와 함께 숙어, 문법 병행은 기본이다.

내신 대비를 널널하게 만드는
방학 특강

"시험 때마다 죽을 것 같아요"

경력이 꽤 되는 선생님들도 고등부들 시험 때마다 죽을 것 같다며 고등부 수업 쉽게 하는 방법 없냐고 하소연을 한다. 다음은 고등부 경력 7년 차 선생님의 말이다.

"고등부 가르친 지 벌써 7년 차인데 12시 넘어서까지 가르치고… 보충은 해줘도 끝이 없고, 게다가 외부 지문이 너무 많아서 성적이 팍팍 오르지도 않고… 주말이나 공휴일도 못 쉬고 가르치는데도 돈을 많이 버는 것도 아니고… 정말 이래저래 힘들고 나이만 먹어가네요."

이런 문제를 해결하는 가장 좋은 방법은 방학 특강 때 미리 다음 학기 시험 준비를 하는 것이다. 겨울방학이든 여름방학이든 문법과 영작을 메인으로 하면서 한 학기든 두 학기든 다음 시험에 맞춰서 수업을 한다.

문법과 영작 수업은 중고등부를 전체적으로 빠르게 여러 번 훑어주는 게 좋다. 이때 가급적 문법 용어는 빼고 쉽게 가르쳐야 한다. 나는 중2~고2 4년 치 문법을 한 달에 수십 바퀴 돌리거나 중2~고1 3년 치 영작을 한 달에 최소 4바퀴 돌린다. 그러면 학기 중에 내신 준비하느라 시간에 쫓길 필요가 없다.

그리고 방학 때는 예상 시험 범위를 미리 알아낸 다음 단어와 본문을 모두 외우게 한다. 최소 1학기 걸 미리 시험 대비해야 한다.

여름방학은 2학기 시험 대비 기간이다

여름방학은 보통 7월 말쯤에 시작되는데, 잘해야 3주라 한 달도 안 된다. 8월 넷째 주부터 10월 초나 중순의 2학기 기말고사를 준비해야 한다는 얘기인데, 한 달 조금 넘게 시험 대비를 하기엔 정말 역부족이다.

그래서 나는 항상 1학기 기말고사가 끝나는 7월 중순이면 일주일 정도는 진도를 천천히 나간다. 시험 공부하느라 밤잠도 못 잔 아이들도 충전이 필요하다. 그래서 7월 넷째 주부터 바로 2학기 중간고사와 기말고사 대비를 한다. 수업과 숙제는 2학기 전부를 하지만 당장 두 달 후에 볼 중간고사 범위에 해당하는 부분은 숙제를 2배로 더 내준다.

- 단어 : 7월 기말고사 끝나자마자 한 달 동안 2학기 시험 범위 어휘 10~20바퀴 돌기. 보통 일주일에 3바퀴를 도니까 한 달이

면 12바퀴를 돈다. 단어가 약한 아이들은 일주일에 5바퀴를 돌아서 한 달이면 20바퀴가 된다. 10바퀴는 속도가 느린 아이의 경우다.

- 지문 : 2학기 교재, 부교재나 외부 지문을 모두 공부한다. 시험 보는 해당 월이나 그 바로 전 달의 모의고사가 시험 범위에 들어가면 기출 모의고사를 풀게 한다. (구체적인 내용은 2부 4장의 '9등급도 모의고사 1등급 받을 수 있는 특급 노하우' 참조하기 바란다.)
- 문법과 영작 : 둘 다 병행해야 한다. 문법과 영작은 아이들의 레벨보다 2단계 쉬운 수준으로 해야 잘 따라온다.

여름방학 때 7천 단어 최소 4바퀴 도는 비법

3천~5천 단어든 7천 단어든 한 번에 3~5번 녹음시킨다. 바닥권 애들은 한 번에 10번 녹음이 좋다. 영어 한 번, 뜻 한 번 이렇게 한 번 읽는데, 영혼이 없이 녹음하는 애들은 10번 녹음시키는 게 좋다. 고등부는 애들이 칼자루(등록과 퇴원)를 쥐고 있기 때문에 애들이 녹음을 싫어하거나 거부한다면 그냥 기존 방식대로 암기를 시켜야 한다. 애들이 계속 거부하는데 억지로 시키면 바로 그만둬버린다.

겨울방학 때 1년 치 선행을 하자

겨울방학은 고등부 아이들의 실력을 급상승시킬 절호의 기회다. 겨울방학 때는 정말이지 일요일 빼고 매일 불러서 단어, 문법, 영작을 집중적으로 가르쳐야 한다.

특강은 12월 중순에 기말고사 끝나고 그다음 주에 바로 시작해야 한다. 그리고 예비 고1이면 그 아이가 갈 고등학교 교과서와 외부 교재를 미리 알아내서 교과서와 외부 교재 한 권에 나와 있는 모든 어휘들을 정리해서 미친 듯이 녹음을 시킨다. 그렇게 해야 5월에 보는 첫 시험에서 성적이 제대로 나올 수 있다.

- 단어 : 다음해 1, 2학기 시험에 들어가는 어휘를 두 달반 정도 수십 바퀴를 돌려야 한다. 중위권은 상위권 어휘 3천 단어, 하위권은 기초~중상위 어휘 5천 단어를 수십 바퀴 돌려야 한다. 모의고사가 많이 들어가는 학교라면 모의고사 어휘를 집중적으로 해주고, EBS가 항상 들어가면 EBS 어휘도 몽땅 다해줘야 한다. EBS 어휘 책은 서점에서 판매하니 그 책으로 하면 된다. 모의고사 어휘는 일반 고등, 수능 단어장으로 공부하면 된다.
- 지문 : 부교재도 1학기 중간, 기말고사 시험 범위를 예측(보통 책의 절반)해서 내용만 따로 5~10번 정도 읽게 한다. 수업은 당연히 다음 학기 전체 시험 범위의 지문으로 수업한다. 단, 아이들에게 해석지를 먼저 주고, 한국말로 된 해석만 읽었는데도 이해가 전혀 안 되는 지문은 모두 물음표, 이해가 갈듯 말 듯하거나 잘 모르는 것은 별표를 치라고 하고 그것들 위주로 수업 시간에 1~2분 정도 빠르게 설명해준다.
- 문법과 영작 : 문법은 전체적으로 훑어주고 영작에 올인해야 한다. 해석하기 난해한 긴 문장들이나 어려운 문법이 들어간 문장들(가정법 도치 구문, 관계 부사, 분사 구문 등등)만 수업 시간에

설명해준다.

하위권은 영작 숙제를 내줄 필요가 없다. 3등급이 될 때까지 단어와 문법에 집중해야 한다. 중3 80점대의 영작 레벨까지 실력을 키워줘야 한다. 영작이 30% 이상 나오는 학교는 4등급이 될 때까지 기초와 기본 영작도 병행해야 한다.

일주일 만에
어휘 3~5배 늘리는 법

접두사, 접미사로 어휘 3~4배 확장시키기

내가 고등학교 때는 많은 단과학원에서 VOCA 12000, 15000 등 어휘 수업을 했다. 하지만 이제는 아이들 입에다 밥을 떠먹여줘야 하는 시대로 바뀌었다. 아이들이 스스로 찾아서 단어를 외우지 않고, 선생님이 알려줘야 겨우 외운다는 얘기다. 3천 단어 외우는 것도 버거워한다.

나는 녹음이라는 획기적인 방법으로 애들이 끔찍하게 싫어하는 단어 암기의 고통에서 벗어나게 해주었다. 그런데 3천~5천 단어로는 부족하다. 나는 1만~2만 단어를 아이들 머릿속에 넣어주고 싶었다.

고등부 바닥권 아이들은 3천 단어를 녹음해서 내 것으로 만드는 데 최소 6개월이란 시간이 걸린다. 1만~2만 단어는 꿈도 못 꾼다. 많게는 7천 단어를 외운 아이들도 있지만 정말 좋은 대학에 가고 싶은 열정에 불타오르는 몇 명뿐이었다. 그래서 10년이란 오랜 시간 동안 연구한 끝에 어휘 확장을 넘어 바로 3~5배 증폭되는 초속성 단어 증폭법을 찾아냈다.

핵심 단어들을 먼저 녹음 숙제로 기억하게 만들고, 기본 단어에서 접두사, 접미사(어미)를 먼저 외우게 한 다음 확장 단어들을 모두 매일 녹음시킨다. 중고등부를 10년 이상 아니 몇 년만 가르친 선생이라면 접두사, 접미사를 쉽게 찾을 수 있을 것이다.

다음 예시대로 상위권 아이들에게 가르쳐보기 바란다. 정말로 기적과 같은 일이 일어날 것이다. 고등부 상위권뿐만 아니라 중1, 2 외고특목고 준비반, 중3 상위권에게도 적용할 수 있다.

act를 예로 들어 잠시 살펴보겠다.

act는 '연기하다'는 뜻이 있는데, 확장 단어로 다음 2가지를 들 수 있다.

1. act**or**

2. actr**ess**

여기서 -er, -or, -ar, -ist, -ian 등은 직업을 나타내는 어미다. 그리고 -ress는 여성 직업을 나타내는 어미다.

→ 3배 증폭

그리고 act에는 '행동하다, 활동하다'는 뜻이 있는데, 확장 단어로 다음 4가지를 들 수 있다.

1. ac**tion**(명사어미 -tion, -sion 등)

2. ac**tive**(형용사어미 -tive, -sive, -ful 등)

3. active**ly**(부사형어미 -ly)

4. activi**ty**(명사어미 -ty)

→5배 증폭

여기서 한발 더 나아가 접두사 inter-(가운데, 중간, 상호)가 들어간 단어로 응용 확장을 할 수 있다.

1. **inter**act
2. **inter**raction
3. **inter**active
4. **inter**activity
5. **inter**actively

→6배 증폭

접두사 re-(다시)가 들어간 단어로 또다시 확장이 가능하다.

1. **re**act
2. **re**action
3. **re**active
4. **re**activity
5. **re**actively

→6배 증폭

잠깐 동안 act 한 단어가 무려 16단어로 증폭되었다!!!

다음은 내가 실제 현장에서 학생들에게 가르치는 어휘 증폭 3단계 방법이다.

1단계 : 쉬운 단어들에 접두사, 접미사 붙이기 연습

kind → **un**kind / happy → **un**happy

sing → sing**er** / teach → teach**er**

반대 접두사 un-이 들어간 단어들과 -er로 끝나는 직업을 나타
내는 어미들(-er, -ar, -ist, -ian 등)이 들어간 단어들을 모아서 순서대로
연습시킨다.

2단계 : 중간 난이도 단어들에 접미사 붙이기 연습

explore → explor**er** / photograph → photograph**er**

명사형어미 -er

count → count**able** / agree → agree**able**

형용사어미 -able

3단계 : 접두사 + 접미사가 모두 붙어 있는 긴 단어 연습

untouch**able** ← touch**able** ← touch

untouchable은 touch에서 온 단어임을 알려준다.

disagree**able** ← agree**able** ← agree

disagreeable은 agree에서 온 단어임을 알려준다.

incredi**ble** ← credi**ble** ← credit

incredible은 credit에서 온 단어임을 알려준다.

cf) 신용카드 credit card

어휘 증폭을 시켜준다며 이 글을 읽는 선생님들이 아이들에게 뜻도 모르는 어려운 단어로 설명할까 봐 그렇게 하지 말라는 노파심에서 쉬운 중학교 단어들에서 파생된 중고등 단어들을 예로 들었다. 항상 말하지만, 첫 수업을 쉬운 내용으로 출발해야 아이들이 잘 받아들인다. 그것이 문법이든 영작이든 단어든 말이다.

이 책은 단어만을 위한 책이 아니기 때문에 자세한 내용은 곧이어 출간될《외우지 않고 일주일 만에 3천 단어 머릿속에 집어넣기 (가제)》에 담을 예정이다. 그 책의 부록에는 바로 현장에서 써먹을 수 있도록 어휘 증폭을 위한 접두사, 접미사를 모두 정리해놨으니 꼭 읽어보길 추천한다.

어휘 확장 수업을 해보면 얼마나 효과가 좋은지 깜짝 놀랄 것이다. 방학 때 7천 단어 특강을 한번 해보기 바란다. '어휘 증폭 특강' 만으로도 동네 1타 영어쌤이 될 것이다.

바닥권 아이들은
파닉스와 초등 단어가 답이다

단어에 올인해야 하는 이유

영어시험을 전쟁터라고 비유했을 때, 영어에서 문법이 총이라면 단어는 총알에 해당한다. 영어시험이라는 전쟁터에 나가는 군인(학생)이 총만 가지고 나간다면 싸울 수 있겠는가? 하지만 총알이 엄청 많다면 든든해서 적군과 잘 싸울 수 있다.

단어는 영어의 생명이다. 단어만 많이 알아도 70점 이상 받을 수 있다. 영어 선생님이라면 누구나 단어 암기의 중요성을 알고 있다. 하지만 영어 단어를 선생님이 대신 외워줄 수는 없는 노릇 아닌가. 그래서 대부분의 선생님이 수요가 제일 많은 중하위권 학생들(영포자 포함)을 중상위권, 상위권으로 올려놓는 건 거의 불가능하다고 생각한다.

이런 아이들은 절대적인 단어 암기량이 부족하기 때문이다. 특히나 바닥권인 영포자들은 단어도 못 읽는다. 그런 애들 귀엔 고등 단어나 문법은 외계어로 들린다.

하지만 1년이란 시간을 가지고 체계적으로 가르치면 무조건 최소 2등급은 오른다. (단, 숙제를 열심히 하는 건 기본 전제 조건이다.) 이 특별한 방법은 내가 거의 10년 이상 써온 방법인데, 앞에서 여러 차례 강조한 단어, 숙어는 물론 교과서와 본문 그리고 문법까지 몽땅 녹음시키는 것이다.

10개월 만에 10년 치를 배운다

영어 단어를 읽지도 못하는 애들에게 단어를 암기시키는 것은 그림을 외우게 시키는 것과 같아서, 아무리 열심히 가르쳐도 효과가 없다. 50점대 이하인 바닥권 애들은 두 달 정도면 음가 법칙을 외우면서 읽기를 병행하면 웬만한 단어는 읽을 수 있다. 그래서 교과서는 물론 EBS나 모의고사 지문도 80% 이상 쭉쭉 읽어내려 간다.

그러니 파닉스를 가르쳐야 한다. 이때 주의할 점은 수업 시간에 파닉스를 하면 아이도 학부모도 싫어하니 자습시간이나 따로 불러서 보충을 해주는 게 좋다. 바닥권 아이들이 제일 창피해하는 부분이 영어 단어 못 읽는 것인데 이 문제를 해결해주니 아이들의 자존감이 올라간다. 자존감이 쌓이면 자신감으로 바뀐다. 자존감이 자신감으로 바뀌는 순간, 이 아이의 성적은 걱정하지 않아도 된다. 그리고 그 자신감을 만들어준 사람이 바로 선생인 나이기 때문에 이런 아이들은 내게 절대적인 신뢰를 보낸다.

점수가 60점 이상 나오고 읽기가 어느 정도 되면 pneumonia(폐렴), phenomenon(현상), enthusiasm(열정) 등과 같은 어려운 단어나 10자 이상의 단어들을 어미별로 모아놓은 걸 두 달 동안 집중적으로 수십 번 녹음을 시킨다. 그러면 뜻을 외우지 않아도 뜻이 저절로 기억난다. 이것이 녹음의 힘이다!

파닉스로 초등 단어를 읽기 시작하면 중등 문법과 단어도 포함해야 하고, 고등학교 내신 대비도 같이해야 된다. 한마디로 파닉스부터 고등과정까지 거의 10년 치를 해야 한다는 얘기다. 나는 이 방법으로 고2 10~20점대를 10개월 만에 86점 2등급으로 만들어주었다.

영포자를 상위권으로 만드는 노하우 10가지

다음은 영포자의 성적을 상위권으로 올리는 10가지 방법이다. 이 중 한 가지도 소홀히 하면 된다. 반드시 10가지 모두를 실천해야 한다.

1. 시작은 파닉스부터(특히 음가를 알려줘라)
2. 1년 후 최종 점수(1~2등급) 찍어놓고 시작하기
3. 영어 단어, 교과서 본문에 한글로 표기해주기
4. 문법은 초등 3학년도 이해할 수 있도록 쉽게 알려주기
5. 단어, 교과서 본문 외우지 않고 녹음시키기
6. 단어에 올인하기
7. 방학은 영포자의 구세주 타임, 방학 때 집중수업하기
8. 3~6개월 정도까지 따로 1:1로 보충해주기
9. 70점대가 되기 전까지는 독해시키지 않기
10. 숙제는 점진적으로 조금씩 꾸준히 늘려나가기

영포자를 가르치는 선생님의 자세 5가지

이번에는 영포자를 가르치는 선생님이 가져야 할 자세 5가지를 살펴보겠다. 대부분의 선생님이 영포자를 받기 싫어하지만 수입 때문에 하는 수 없이 받는다. 하지만 다음과 같은 5가지 자세를 유지하면 영포자도 실력이 꾸준히 상승하여 졸업할 때까지 쭉~ 함께할 수 있다.

1. 조바심은 금물, 인내심을 가져라.
2. 점수는 매번 10~15점씩만 올리자(20점 정도는 괜찮지만, 갑자기 30~40점이 오르면 안 된다).
3. 선생님은 밥상만 차려 준다! 공부는 아이가 하는 것이다. 성적에 너무 스트레스받지 마라.
4. 열심히 숙제하는 아이만 키워라(숙제를 잘 안 하는 아이는 4~5등급까지가 한계다).
5. 성적은 3등급까지만 올려줘라(3학년 2학기까지 계속하는 경우에는 2등급 이상 올려줘도 된다).

3장

[

숙제율이
성적이다!

]

등급별, 학년별
숙제 내주는 노하우

숙제만 열심히 하면 1등급도 가능하다!

나는 학부모를 처음 만났을 때부터 성적을 찍어놓고 상담한다. 매번 시험 때마다 1등급씩 올리고, 1년 뒤에는 아무리 바닥권이라도 2등급을 찍고, 1년 6개월 후엔 무조건 1등급을 찍을 수 있다고 호언장담하고 시작한다. 사실 호언장담이라기보단 숙제만 열심히 하면 2등급까지 올리는 건 어렵지 않다는 사실을 고등부 10년 차 이상의 선생님이라면 누구나 알 것이다.

하지만 첫 상담 때부터 점수를 찍어놓고 시작하는 건 웬만한 강심장이 아니면 시도하기 힘든 일이다. 그래서 학부모 앞에서 자신 있게 이런 말을 내뱉는 선생님이 거의 없다. 그런데 이 부분은 미리 걱정할 필요가 없다. 전제 조건은 아이가 정말 열심히 잘 따라왔을 때이다. 숙제를 제대로 안 해오면 당연히 1~2등급을 받을 수는 없다.

대부분의 선생님들이 1년 뒤에 정말 1~2등급이 안 나오면 어떡하냐고 걱정한다. 하지만 아이가 열심히 숙제를 해와야 하는 게 학부모와 선생 사이의 암묵적인 조건이다. 성적이 바닥권이거나 영혼 없이 숙제하는 아이는 항상 2배의 숙제를 내준다. 지문 1~2개씩 내주는 게 아니고 시험 범위에 해당하는 모든 지문을 한꺼번에 내줘야 한다. 학교 진도와는 전혀 상관없다.

외부 교재도 어느 정도 나올 거라는 걸 예측해서 녹음 숙제를 내준다. 보통 외부 교재는 순서대로 진도가 나가는데, 지필고사 한 번 볼 때마다 전체의 25~30%가 나오므로 시험 대비를 위해 30%에 해당되는 지문을 녹음시킨다. 지문 수업을 대체하기 위해서 해석도 녹음시킨다. 시험 범위에 해당하는 지문뿐만 아니라 단어들도 모두 녹음시킨다.

고등부 등급별 학년별 숙제표

등급별 학년별로 구체적으로 어떤 숙제를 내줘야 하는지 다음 페이지에 표로 상세히 정리해두었다. 여기서 기초반은 5등급 이하이고, 기본반은 3~4등급, 상급반은 1~2등급이다. 이때 등급은 내신 기준이다.

예비고반(중3)	고1	고2	고3
단어			
• 기본반, 상급반 : 고등3천 단어+수능 2천 단어 • 기초반 : 초중 2천 단어+중2~고1 3천 단어	• 기본반, 상급반 : 고등3천 단어+수능 2천 단어 +EBS 2천 단어 • 기초반 : 초중 2천 단어 +중2~고1 3천 단어	• 기본반, 상급반 : 고등5천 단어+EBS 2천 단어 • 기초반 : 초중 2천 단어+중2~고1 3천 단어	• 상급반 : 수능 7천 단어+수능, 텝스 5천 단어 • 기본반 : 고등 5천 단어+수능 2천 단어 • 기초반 : 고등 5천 단어+EBS 2천 단어

※ 주의사항 : 2천 단어든 5천 단어든 일주일에 한 바퀴 돌아야 한다. 늦어도 2주일에 한 바퀴 돌고, 한 단어당 40~50번 정도 녹음했을 때, 중간 테스트를 한 다음 아는 것 빼고 모르는 단어들만 추려서 다시 녹음시킨다.

문법			
• 상급반 : 중2~고2 과정 • 기초반, 중급반 : 중등 전 과정+고1	• 상급반 : 고등 전 과정 • 기본반 : 중등 전 과정+고2 • 기초반 : 중등 전 과정+고1	• 상급반 : 고등 전 과정+최상위(=심화) • 기본반 : 고등부 전 과정 • 기초반 : 중등 전 과정+고1	• 상급반 : 고등 전 과정+최상위(심화) • 기본반 : 고등부 전 과정 • 기초반 : 중등 전 과정+고1

※ 주의사항 : 문법과 영작은 과정이 같으나, 문법 문제는 별로 숙제가 없고 구문 녹음만 숙제로 내준다. 그날 배운 것들만 숙제로 내준다.

영작			
• 상급반 : 중2~고2과정 • 기초반, 중급반 : 중등 전 과정+고1	• 상급반 : 고등 전 과정 • 기본반 : 중등 전 과정+고2 • 기초반 : 중등 전 과정+고1	• 상급반 : 고등 전 과정+최상위(심화) • 기본반 : 고등부 전 과정 • 기초반 : 중등 전 과정+고1	• 상급반 : 고등 전 과정+최상위(심화) • 기본반 : 고등부전 과정 • 기초반 : 중등 전 과정+고1

※ 주의사항 : 문법과 영작은 과정이 같으나, 영작은 교과서와 외부 교재 위주로 숙제를 내준다. 그날 배운 것들만 숙제로 내준다.

예비고반(중3)	고1	고2	고3
듣기(받아쓰기)			
• 상급반 : 고1 과정 받아쓰기(하루 2개) • 기본반 : 중3 과정 받아쓰기(일주일 3개) • 기초반 : 중1~2 과정 모의고사 형식 문제풀이(일주일 3개)	• 상급반 : 고2 과정 받아쓰기(하루 2개) • 기본반 : 고1 과정 받아쓰기(일주일 3개) • 기초반 : 중2~3 과정 모의고사 형식 문제풀이(일주일 3개)	• 상급반 : 고3 과정 받아쓰기(하루 2개) • 기본반 : 고2 과정 받아쓰기(일주일 3개) • 기초반 : 중3~고1 과정 모의고사 형식 문제풀이(일주일 3개)	• 상급반 : 최상위 레벨 받아쓰기(하루2개) • 기본반 : 고3 과정 받아쓰기(일주일 3개) • 기초반 : 고1~2 과정 모의고사 형식 문제풀이(일주일 3개)

※ 주의사항 : 하위권은 5등급을 넘기 전까진 듣기 숙제를 안 내주는 게 좋다. 단어+문법+영작이 급선무다. 수시(내신) 지원자는 듣기를 안 해도 된다.

독해(모의고사)			
• 상급반 : 중3 독해집(매일 5~10개) • 기본반 : 중2 독해집(매일 3~5개) • 기초반 : 독해 안 함 (단어와 문법을 거의 몰라서 해석이 안 됨)	• 상급반 : 고1 독해집 +고1 모의고사(매일 5~10개) • 기본반 : 중3 독해집(매일 5~10개) • 기초반 : 중1~2 독해집(매일 3~5개)	• 상급반 : 고2 독해집 +고2 모의고사(매일 5~10개) • 기본반 : 고1 독해집 +고1 모의고사(매일 5~10개) • 기초반 : 중3 독해집(매일 5~10개)	• 상급반 : 고3+심화 독해집+모의고사(매일 5~10개) • 기본반 : 고2 독해집 +고3 모의고사(매일 5~10개) • 기초반 : 고1~2 독해집+모의고사(매일 5~10개)

※ 주의사항 : 독해는 처음 시작할 때는 두 학년 아래 걸로 줘야 아이들이 잘 따라온다.

듣기, 독해 책 선정과
독해 숙제가 즐거워지는 법

듣기 책 선정과 수업법

듣기 책은 두 학년 낮은 걸로 책정하는 게 좋다. 시작은 중학생 걸로 먼저 선정한다.

시중 교재들 중 모의고사 형식으로 된 중1, 중2, 중3 교재를 사서 처음, 중간, 마지막 총 3회분을 풀리게 한다. 3개 이상 틀린 게 없다면 다음 학년으로 넘어간다. 만약에 1회분이라도 4개 이상 틀린 게 있다면 그 책이 아이에게 적합한 레벨이다.

아이에게 적합한 레벨(학년)의 책을 최소 3권 이상 풀게 한 후에 다음 레벨(다음 학년)로 넘어가야 80점 이상 받을 수 있다. 듣기 1회분에서 20문제 중 3개 틀렸다는 말은 85점이라는 뜻이고, 만약 실수를 하면 70점대로 내려갈 수 있다. 수능 듣기에서 2개 이상 틀리면 좋은 성적을 받을 수가 없다. 수능 듣기는 최대 1개 틀리는 것을 목표로 삼아야 한다.

이렇게 중1 → 중2 → 중3까지 학년별로 2개 이상 틀린 게 없다면 다시 고1 → 고2 → 고3 이런 식으로 넘어간다. 현재 고2인데

3~4등급이라면, 중2부터 테스트를 해보는 게 좋다. 고3이라면 중3부터 시작해도 전혀 늦지 않다. 대신 고3은 수능 보기 전 주까지 매일 1회분씩 풀어야 한다.

독해 책 선정과 수업법

독해는 시중의 중등부 교재를 수십 권 사서 아이 레벨에 맞는 독해 문제를 매일 5~10개씩 풀어야 실력이 좋아진다.

당장 서점에 가서 중1~중3 독해책을 있는 대로 모두 사자! (독해 책 사는 비용이 너무 많이 든다는 생각이 들면 중등 지필고사로 대체해도 된다.) 그런 다음 중1 독해책들 중에서 한 페이지짜리만 따로 모아 먼저 풀게 하고, 한 페이지짜리를 모두 푼 다음 두 페이지짜리를 풀게 한다. 한 페이지짜리 독해는 난이도가 쉬운 편이고, 두 페이지짜리 독해는 난이도도 어렵고 문제도 최소 3개 정도 나와서 시간이 1.5배 걸린다.

이런 식으로 중1 독해책을 모두 풀었으면 틀린 부분을 다시 풀면서 중2 독해책을 모두 풀고, 또 중2 독해책에서 틀린 부분들만 다시 풀면서 중3 독해책을 다 푼 다음 틀린 문제는 한 번 더 풀고, 고1 모의고사나 고1 독해책으로 넘어간다. 이때 주의할 점은 중등 독해는 최소 200개 지문 이상 풀어야 하는데, 아이에게 단어와 문법 실력을 같이 높여주면서 시켜야 큰 시너지 효과를 얻을 수 있다.

독해가 즐거워지게 만들어라

독해책을 선정했다면 정확한 레벨의 지문 독해 숙제를 하루에 5~10개 정도 내준다. 하지만 4등급 이하부터는 독해 숙제를 내주지 않는다. 단어도 문법도 안 되는 아이들에게 독해 숙제를 내주는 건 그냥 찍으라는 말이랑 같다. 그래서 나는 처음 수업을 시작하는 3~4등급의 경우 첫 6개월 동안은 중고 5천 단어와 (연상)문법을 녹음으로 수십 바퀴 돌린다. 그러고 나서 어느 정도 실력이 된 후에 독해를 시킨다.

이 방법은 나만의 방법은 아닌 듯하다. 내가 운영하는 카페 '성공비' 회원 선생님들 중에도 나처럼 하는 분이 종종 있었다. 역시나 그분들도 좋은 결과를 얻었다고 한다.

대부분의 선생님이 독해 숙제는 주로 중상위권 애들한테 내주는데 아이들은 이 숙제를 좋아하지 않는다. 문법도 정확히 모르는데다 아는 단어들을 적당히 해석해서 대충 찍는 경우가 다반사이기 때문이다.

그런데 내가 가르치는 아이들은 다들 독해 숙제를 좋아한다. 나는 앞서 언급한 것처럼 레벨별로 독해 지문을 모아서 책으로 만들어 아이들에게 나눠준 다음, 문제를 풀기 전에 처음부터 끝까지 책한 권(보통 200지문)을 눈으로 훑어보면서 모르는 단어에만 밑줄을 치라고 한다. 그다음엔 밑줄 친 단어들을 따로 적게 한다(답지나 지문 하단에 단어 뜻이 나와 있다). 100개든 500개든 상관없다. 그 단어들을 녹음을 통해 외운 다음 문제를 풀게 한다. 그러면 모르는 단어가 없어 문제가 술술 풀린다. 이렇게 하면 지문 한 개 읽고 문제 푸는

데, 30~40초밖에 안 걸린다. 길어야 50초 정도다. 단어들을 다 아니까 어려울 게 없다. 독해 지문 10개 읽고 문제 푸는 데, 10분이면 충분하니 아이들이 좋아할 수밖에 없다.

정말이지 아이들이 다른 숙제는 안 해와도 독해 숙제는 무조건 해온다. 나와 6개월 정도 공부했던 한 상위권 아이에게 주말 숙제로 시중에 있는 독해책 한 권(80개 지문)을 풀어오라고 했더니 월요일에 다 풀어왔다. 얼마나 걸렸냐고 물어봤더니, "음… 시간을 재보진 않았는데, 한 30~40분 걸린 것 같아요. 그런데 내용들이 다 다르고 재미 있어서 시간 가는 줄도 몰랐어요"라며 웃으며 얘기했다.

듣기 숙제

듣기는 내신에 안 들어가기 때문에 따로 숙제를 내주지 않는다. 다만 듣기를 따로 해달라는 학부모의 요청이 있는 아이만 비슷한 레벨의 책을 선정해서 숙제로 내주거나 수업 후 별도로 시킨다. 가끔 지필고사에 듣기가 들어가는 특이한 학교가 있는데, 이런 학교들은 당연히 숙제로 내주거나 수업 후 남겨서 더 시킨다.

숙제 해오게
만드는 비법

숙제율이 성적이다!

다음은 숙제를 안 해오는 아이들 때문에 골치 아픈 고등부 선생님들의 하소연이다.

A : 고등부 애들 숙제 때문에 미치겠어요. 숙제를 잘 안 해와서 성적이 떨어지면 그만두고, 공부를 제대로 안 하는 애한테 "그딴 식으로 할 거면 때려쳐!"라고 했더니 바로 그만두더라구요.

B : 숙제도 잘 안 해오면서 성적 안 나오면 선생 탓하고 때려치는데 돌아버리겠네요. 담배는 기본에 술 마시고 연애질하면서 성적은 잘 받고 싶은 도둑놈 심보들뿐이에요. 숙제 안 해오는 고등부는 노답인가요? 고등부들 숙제해오게 하는 방법 없나요?

C : 옛날에는 숙제 안 해오면 몽둥이로 다스려서 숙제율은 100%였는데, 지금은 체벌 금지라…. 지방 쪽에선 아직도 몽둥이 든다 하는데, 저는 수도권이라 체벌은 당연히 금지니 어떻게 해야 될지 모르겠어요.

대부분 아이들이 숙제율 90% 이하면 성적은 90점대 1등급, 70%면 70점대 3등급, 50%면 50점대 5등급을 받는다. 그래서 나는 "숙제율이 성적이다!"라고 아이들에게 항상 얘기한다. 물론 이건 선생님이 1등급이 나오도록 예상문제와 이것저것 잘 준비해서 숙제를 내줘야 한다는 전제 조건이 있다. 내 학생이 다니는 학교의 문제 출제 경향도 분석하지 않고, 문제들만 툭 던져준다면 숙제를 아무리 많이 해도 1등급 받는 건 거의 불가능하다.

숙제는 내가 공부한 것들을 내 것으로 만드는 시간이다. 그런데 수업만 받거나 학원, 공부방에서 공부한 걸로만 1등급 받고 싶은 욕심쟁이 고딩 고객들이 대부분이다. 중등에 비해, 고등은 시험 범위가 너무 많아서 아이들이 숙제를 제대로 해오지 않는다. 솔직히 선생인 나라도 수백 문제를 내일모레까지 풀어오라고 한다면 당장 그만둘 것 같다. 아이들은 영어 한 과목만 하는 게 아니고 전 과목을 공부해야 하므로 하루 종일 영어 숙제만 할 수는 없다.

숙제를 안 해오는 아이들에겐 다음에서 소개하는 두 가지 방법을 적용해보면 매우 효과적이다. 이미 검증된 방법이니까, 꼭 실천해보기 바란다.

안 해오면 엄마한테 문자하고 남겨라

숙제를 안 해오면 엄마한테 문자를 보내고 남겨서 숙제를 하게 만들어라. 이 방법은 초중에겐 잘 먹히지만 고딩은 절반만 먹힌다. 특히 고2, 3은 거의 안 먹히므로 아이를 고3 때까지 데리고 가려면 살살 달래야 한다.

주말에 불러서 보충을 한다

엄마한테 문자를 남겨도 소용없다면 매일 부르거나 주말에 불러서 하루 종일 숙제를 하게 만들어라. 이 방법도 고1까지는 괜찮지만, 고2부터는 역효과가 난다.

한 원장님은 숙제를 아예 안 해오는 애들이 태반이라 숙제를 안 내주는 대신에 주말에 학원에서 거의 살게 한다. 토, 일 6~7시간 학원에 있게 하면서 숙제까지 다하고 집에 보낸다. 그중 1~2시간은 수업을 하고 나머지 4~5시간은 조교들과 함께 틀린 문제들 질의응답과 기타 자기 주도학습을 한다.

그런데 솔직히 선생인 나도 사람인지라 일요일 하루 정도는 쉬고 싶은 게 사실이다. 주말 없이 몇 년을 보냈더니 너무 지쳤다. 그래서 야자 때문에 평일 수업 못 오는 애들은 아예 안 받았다. 대신에 수학 때문에 야자를 못 빼는 애들은 수학을 주말로 바꾸고, 영어 수업에 오라고 했다. 일요일 하루라도 쉬고 싶다면 고등부는 시간 되는 애들만 받거나 아예 안 하는 게 속 편하다.

위 두 가지 방법이 안 통하는 아이에겐 숙제를 아예 내주지 마라.

제대로 된 숙제를 내줘야
성적이 향상된다

한꺼번에 성적을 많이 올리기보단 한 계단 한 계단씩 오르게 해야 한다. 사실 그것이 제일 빠른 방법이다. 대신 누적은 필수다. 앞서 중학생편에서도 살펴봤지만 기출문제든 예상문제든 시험 대비용 문제를 풀 때는 무조건 많이 푸는 게 아니라 단계에 맞춰 풀어야 성적을 향상시킬 수 있다. 문제풀이는 숙제로 내주는데 다음 4단계로 나누어서 내줘야 한다.

1단계 : 두 단어 중 하나 고르기 문제(괄호 택일)

1단계는 본문 문제를 풀기 전에 하는 워밍업이라고 보면 된다. 시험 대비한답시고 본문 문제를 주면, 본문이 너무 길어서 한 페이지에 4문제 또는 많아야 6문제다. 나는 한 번 숙제를 내줄 때마다 최소 150~200문제를 주는데, 이렇게 되면 프린트물이 너무 두꺼워서 애들이 처음부터 거부감이 들어서 안 해버린다.

그런데 본문을 보면서, 두 단어 중에서 옳은 단어 하나를 고르는 문제는 아이들이 잘해온다. 얼마나 쉬운가! 본문을 보고 두 단어 중 맞는 단어에 동그라미만 쳐오면 되니, 40개 지문도 1시간이면 끝난다. 다만, 해당 지문의 해석을 먼저 읽고 풀라고 해야 한다. 이렇게 하면서 점진적으로 숙제량을 늘려나가는 게 좋다.

2단계 : 본문 지문 빈칸 넣기

괄호 택일 문제가 끝나면 본격적으로 문제를 풀기 시작한다. 바로 지문 빈칸 넣기를 시키는데, 이것도 해석 먼저 읽고 본문 보면서 풀게 해야 애들이 스트레스를 안 받는다. 빈칸 넣기는 수업할 때마다 매번 숙제로 내줘야 하고, 본문 지문을 보지 않고 70% 이상 맞으면 그때부터는 틀린 것만 시험 보기 전까지 계속 풀게 한다.

3단계 : 본문 보고 풀 수 있는 문제들만 풀기

빈칸 넣기를 계속 시키면서 본문 지문을 보면 풀 수 있는 문제들(대부분의 문제들)을 출력해서 풀게 한다. 마찬가지로 문제를 풀기 전에 해당 지문의 해석을 한 번 읽고, 영어 지문을 보면서 풀게 한다.

괄호 넣기와 마찬가지로 본문 지문을 보지 않고도 70% 이상 맞으면 그때부터는 틀린 문제들만 시험 전날까지 집중적으로 풀게 한다. 2등급 이상부터는 영어보기로 된 내용 일치 문제도 숙제로 내준다. 그런데 5등급 이하의 바닥권 아이들은 본문 내용 일치 문제 중 보기가 영어인 것들은 풀게 하지 않는다. 영어 단어도 잘 못 읽고 뜻도 모르니 틀릴 확률이 거의 90% 이상인데, 연습 단계부터 자괴감을 들게 해서 스트레스를 주면 안 된다. 늘 말하지만 사교육 시장에서 학생도 고객인데, 고객들에게 스트레스를 주지 마라!

4단계 : 서술형 문제 풀기

5등급 이하 아이들은 서술형 문제를 대비할 필요가 없다. 서술형을 맞히려면 문법과 단어가 기반이 되어야 하고, 철자까지 완벽히 알고 있어야 한다. 단어 뜻도 모르는 아이들에게 철자 외우게 시키고, 문법을 모르는 아이들에게 아무리 설명해줘 봤자 스트레스만 가중시킨다. 바닥권 아이들은 점수보다 단어 실력을 키워줘야 한다. 특히 3천~5천 단어를 머릿속에 빨리 넣어주는 것이 중요하다.

5단계 : 예상문제들 모두 다 풀기(+서술형 문제 포함)

1~2등급은 빈칸 넣기와 본문 문제들 중에서 안 보고 풀었을 때 틀린 문제들만 푼다.

4장

적중률을 높이는
시험 대비 노하우

지필고사 시험 유형
완벽하게 분석하기

미리 언급하지만 시험 범위가 많으면 많을수록 문제는 쉽게 나온다. 반대로 시험 범위가 적으면 적을수록 내야 할 지문이 몇 개 없어서 문제를 엄청 꼬아서 낸다. 그래서 시험 범위에 들어가는 지문이 많은 학교는 본문 위주로 문제풀이 숙제를 내주고, 교과서만 들어가는 학교는 문법 문제, 서술형 문제에 집중해야 한다.

교과서만 들어가는 학교

교과서 2~3개 과만 들어가는 학교는 대개 서술형 문제가 3~4개 나온다. 주로 지방에 있는 교육열이 약한 동네 학교다. 이런 학교 아이들에게는 문법 문제 대비를 철저히 해주어야 한다. 중학교에서 최상위권이었던 아이들도 맞히기 힘든 어려운 문제가 나오기 때문에 문법 문제풀이 연습을 엄청 해야 한다.

주로 다음과 같은 문제가 나온다.

1) 다음 중 어법상 어색한 것을 고르시오. (보기 5개)

2) 다음 중 어법상 어색한 문장을 있는 대로 고르시오. (보기 10개)

3) 아래의 영영 풀이가 틀린 것을 고르시오. (서술형 최상 문제)

4) 아래 낱말 퀴즈에 대한 답에 해당하는 단어들의 첫 글자(또는 마지막 글자)를 모두 쓰면 어떤 단어인지 쓰시오.

5) 아래 주어진 한국말 문장을 과거완료, 가정법(as if), 4형식 수동태를 이용해서 영어 문장으로 만드시오.

교과서와 모의고사가 들어가는 학교

시험 범위 지문이 교과서 2~3개 과에 모의고사 1개(지문 33개)인 학교는 서술형이 4~6개 정도 나온다. 전국의 30~40%가량의 고등학교에서 이렇게 나오는데, 문제가 별로 어렵지는 않다. 교과서와 모의고사만 달달 외우면 최소 80점 이상 2등급은 받을 수 있다. 지문이 수십 개라 딱히 어렵게 내지 않는다. 서술형도 외부 지문이나 교과서에서 긴 문장 중에서 아무거나 몇 개 선택해서 그대로 나오는 경우가 많다.

이건 뇌피셜이긴 하지만, 이런 학교들은 대개 내신으로 대학을 많이 보내려는 신생 학교거나 대학을 많이 보냈다는 인지도를 얻어 학생 수를 증가시키기 위한 곳이다. 솔직히 사교육 선생님 입장에선 이런 학교들만 있었으면 싶다. 아이들이 전 과목을 공부하느라 새벽까지 공부하는데 영어만이라도 너무 어렵지 않게 내주는 것도 나쁘지 않은 방법이라 생각한다.

교과서, 모의고사, 외부 지문이 들어가는 학교

서술형은 4~6문제 나오지만 교과서, 모의고사 1개(지문 33개) 외에 EBS 등의 외부 지문(30~40개)이 들어가 총 70~80개의 지문을 공부해야 하는 학교는 교과서와 모의고사 1개 들어가는 학교에 비해 시험 대비는 크게 어렵지 않다. 그런데 시험 범위가 두 배가 돼서 2번의 경우보다 문제의 난이도가 낮은 편이다.

자사고, 외고, 특목고

시험 범위가 교과서, EBS 등의 외부 지문(100개) 외에 기출모의고사 10~20개(100~200개)가 포함된 수백 개의 지문이 나오는 학교는 사실 시험 난이도는 제일 낮은 편이다. 왜냐하면 범위가 워낙 많아서 제대로 된 성적을 받기가 너무 힘들다. 지문이 수백 개라서 시험 대비를 하는 것 자체가 시간이 많이 걸려 고역일 뿐 문제 난이도는 사실상 그다지 높지 않다.

교과서, 외부 교재,
시험 범위 다 달라도 문제없다

지문 설명 안 해도 널널하게 시험 대비하는 법

한 반에 여러 학교 아이들이 모여 있을 때 어떻게 수업할지 몰라 힘들어하는 선생님과 나눈 대화 내용이다.

"황 원장님, 고등부 애들 시험 때마다 교과서, 외부 지문 다 달라서 너무 힘드네요. 거기다가 범위도 지문이 보통 70~80개이고, 100 개 넘는 곳도 있어요."

"간단한 해결책이 있습니다. 같은 학교 아이들끼리 모아놓고 5~10분 동안 지문 10개 설명하고, 학교별로 가르치면 돼요."

"그렇게 하면 제대로 성적이 나올까요? 한 번도 안 해본 방법이라 성적이 안 나올까 봐 걱정이 됩니다. 너무 성의 없다고 그만두지 않을까요?"

"절대 그렇지 않습니다. 고등부 애들은 성적만 나오면 됩니다. 혹시라도 수업을 좀 더 해달라고 하는 아이가 있다면 그 아이만 따로 10분 정도 더 해주면 됩니다. 원장님이 사교육 그만둘 때까지 명심할 게 하나 있습니다."

"뭔가요?"

"고등학생들은 밥상만 차려주면 됩니다. 공부는 선생인 내가 하는 게 아니라 아이들이 하는 겁니다."

나는 흔히 가르치는 방식인 한 문장 읽고, 한 문장 해석한 다음 어법 설명하는 식으로 가르치지 않는다. 왜 안 해봤겠는가! 하지만 5~10군데 고등학교 아이들을 가르치면 범위도 제각각이고 한 번씩만 설명해줘도 시간이 너무 많이 걸린다. 게다가 시험 때마다 주말에 따로 불러서 일일이 보충수업을 해줘도 아이들은 제대로 기억도 못한다.

한두 명의 학생을 주말 밤까지 옆에 붙잡고 두 번이든 세 번이든 시험 범위를 모두 해주었지만 상위권을 제외하곤 별 효과가 없었다. 정작 중요한 건 아이들 머릿속에 넣어주는 건데, 한두 번 읽고 해석해준다고 머릿속에 들어가겠는가.

'어차피 기억도 안 날 거라면 다른 방법을 선택하는 게 어떨까?' 이런 고민에 대한 답을 찾기까지 10년의 세월이 흘렀다. 의외로 간단한 방법이 있었다. 5~10분씩 로테이션(개별 지도식)으로 어법만 빨리 읽어주는 것이다. 로테이션 수업은 학년, 학교가 제각각일 경우 최상의 방법이다. 물론 학년별, 학교별로 반이 구성되어 있다면 전체 수업이 좋다.

어법 수업만 한다

교과서든 외부 지문이든 미리 어법 분석이 되어 있는 걸 구해서 출력한 다음 그중에서 중요한 것 3~4개에 미리 형광펜으로 표시해서 빠르게 읽어준다. 1개 지문당 2~3분 소요된다. 숙달되면 1개 지문당 30초~1분밖에 안 걸린다.

1~2등급 아이들에게는 해석하기 힘든 어려운 지문을 개별적으로 설명한다. 머릿속에 집어넣으려면 최소 10번은 반복해야 한다. 흔히 수학 문제 풀 때 '양치기'를 해야 한다고 말하듯이 영어도 마찬가지다. 반복 또 반복해야 잊어버리지 않는다.

바닥권 애들은 지문의 줄거리를 요약 설명해주고, 4등급이 될 때까지는 어법 설명은 해주지 않는다. 대신, 나는 영포자 아이들에겐 단어와 문법을 엄청 돌린다.

9등급도 모의고사 1등급
받을 수 있는 특급 노하우

답지에 기둥 세우는 아이

영어 학원이라고는 한 번도 안 다녀본 예비 고2 여학생 민경이를 소개받았다. 민경이는 내가 받은 학생 중에서 가장 점수가 낮은 학생이었다. 모의고사 점수가 4점이었다. 워낙 바닥권 아이들 성적을 급상승시켜주는 데, 이력이 나 있던 터라 고민하지 않고 받았지만 정말 4점짜리 학생은 내 평생 처음이었다.

최초 학부모 상담 때 1년 후엔 2등급까지 나올 거라며 등급을 찍어놓고 시작했다. 고1 12월 기말고사 끝나고 수업을 시작해서 고2 5월 초 중간고사까지 5개월이나 남은 터라 맘 편하게 수업을 했고, 아이도 잘 따라왔다. 초등부터 고등까지 전 과정을 두세 달 동안 하고 3월부터 본격적으로 모의고사 푸는 노하우를 알려줬다.

평소에는 단어도 못 읽어서 다 찍고 자는 아이였는데, 3월 모의고사에서 몇 개 푼 것 중에서 일부 맞혔다고 엄청 좋아했다. 영포자에게 영어 모의고사 시간은 그냥 답지에 기둥 세우고 자는 시간이다. 같은 번호에 일렬로 쭉 선을 긋고 잔다는 얘기다.

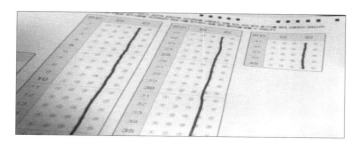

민경 : 쌤~ 오늘 모의고사 봤는데, 3문제 풀었는데 다 맞혔어요.

나 : (헛웃음) 허허허~ 네가 어떻게 모의고사를 푸니? 아직 모의고사 풀 레벨이 안 되는데. 맨날 답지에 기둥 세워놓고 자잖아.

민경 : 아니에요~ 진짜 제가 풀었다니깐요~ 쌤이 방학 때 알려준 대로 했더니 풀리던데요.

1등급 받으려면 어법이 필수다

3문제밖에 못 맞혔지만 그게 어디인가! 그 이후로 민경이는 시간이 지날수록 맞히는 개수가 늘어나 모의고사 독해 부분에서만 60점(4등급) 이상을 찍었다. 듣기 부분도 당연히 한두 개밖에 안 틀렸다. 민경이를 통해 4점짜리 완전 바닥권 아이도 몇 달 동안 기본기를 다지면 확실하게 달라지게 만들 수 있다는 자신감이 생겼다. 또한 그동안 내가 가르쳐온 방법에 대한 확신이 들었다.

거의 20년 동안 현장에서 애들을 가르치면서 1등급 빼고, 모의고사를 제대로 해석하는 애들을 못 봤다. 다들 그동안 외운 단어로 대충 때려 맞추기로 문제를 푼다.

모의고사에서 점수가 안 나오는 이유는 내신 문제보다 어렵기도 하지만 무엇보다도 시험 범위가 없기 때문이다. 영어는 언어라서 단어가 생명이다. 하지만 문법과 어법을 제대로 모르면 정확한 해석이 힘들다. 한 문장이 기본 2줄 이상이 되면 많은 삽입구나 삽입절로 인해 어느 게 주어인지, 본동사인지 분간이 힘들다. 문장 구조를 분석하지 못해 단어로 대충 때려 맞추다 보니 성적이 들쑥날쑥한 것이다.

그래서 나는 중3 1년 동안 고2 1등급 문법까지 수백 번 반복해서 가르쳐 어법 때문에 성적이 떨어지는 일이 없게 만들었다. 개중에는 고1이 됐을 때 웬만한 영어 선생님처럼 문법을 빠삭하게 아는 아이들도 있었다.

10~20점대 영포자들도 나와 공부하면 내신 2등급은 가볍게 찍는다. 빠르면 1년 반 뒤, 늦어도 2년 안에. 그런데 시험 범위가 정해져 있는 내신은 가능할 수도 있지만, 시험 범위가 없는 모의고사는 사정이 다르다고들 말한다. 하지만 범위가 없는 모의고사라도 대비를 못하는 건 아니다. 작년, 올해 본 기출 모의고사를 통해 어느 정도 예상은 가능하다. 단어와 문법의 난이도가 어느 정도 정해져 있다는 말이다. 모의고사를 분석해보고, 모의고사 대비용 짜깁기 교재를 한 번만이라도 만들어본 선생님이라면 이 말을 이해할 것이다.

단어나 주야장천 외워서 모의고사를 대비하는 방법으로는 모의고사 성적을 팍팍 올릴 수 없다. 모의고사를 볼 때, 아이들의 입장에서 제일 어려워하는 부분을 해결해줘야 모의고사 문제가 술술 풀리기 시작한다.

내가 진행하는 오프라인 강의 중에 '한 달에 40바퀴 도는 연상 문법 공식' 강의가 있는데, 고등부를 한 번도 안 가르쳐본 선생님들도 이 강의를 듣고 바로 다음 날부터 수업에 적용할 수 있다.

5단계가 있는데 그중 가장 아이들에게 쉽게 적용할 수 있는 1단계를 알려주겠다. (유료강의 내용이라 책에는 1단계만 공개하는 것을 이해해주기 바란다.)

괄호 치기

1단계는 괄호 치기다. 관계사를 모두 괄호를 치고, 부사구, 전치사구, 부사절, 삽입절 등에는 모두 괄호를 친다. 관계사 괄호 치기는 that과 what까지 포함하고 화살표로 표시해야 한다.

1단계가 제일 중요하다. 1단계가 끝나면 바로 2~5단계까지 매달 단계를 누적해서 올라간다. 1년 뒤(빠르면 6개월 뒤)에는 1등급 받는 아이와 레벨이 비슷해진다. 내가 가르쳤던 애들은 학교 영어 선생님이 수업 시간에 본인에게 안 물어본다고들 한다. 괜히 물어봤다가 너무 질문이 어렵고 날카로워서 대답을 못 해줄까 봐. 한마디로 영어 인강 강사 뺨칠 정도로 지문 분석을 잘하게 된다.

수능 지문도 마찬가지지만, 모의고사 지문도 삽입절이 징그럽게 많다. 특히 장문 지문이 있는 43~45번(또는 44, 45번) 문제는 매우 어려워서 아이들이 잘 틀린다. 문장이 너무 길어서 어디까지가 주어이고, 어디가 본동사이고, 어디가 삽입절인지 정신이 혼미해져 핵심을 찾아내기가 어렵다. 2등급 아이들도 그냥 단어빨로 대충 찍는 정도일 뿐 헤매기는 마찬가지이다. 물론 1등급은 예외다.

어법, 숙어 녹음시키기

고등부 어법은 사실 단어처럼 그냥 외우면 끝나는 숙어 같은 것들이 대부분이라 외우기만 하면 바로 해결이 된다. 나는 소위 '고등 어법'이라 불리는 숙어를 모두 정리해서 중3 겨울방학 때 최소 100번 이상 녹음시켜서 구구단처럼 입에 배게 만들어서 아이들이 어법 때문에 힘들어하는 일이 없게 만든다. 물론 수능 최소 7천 단어와 고3 1등급용 어려운 단어들까지 중3 때 마스터(녹음 100번 이상)를 시켜서 고1 첫 모의고사는 졸면서 봐도 2등급이 나오게 만든다.

나는 10년이 넘게, 중고등 내신 지필고사에 나오는 문법 문제를 1만 문제 이상 분석해보았다. 그 결과 중학교 문법 문제에서는 절대로 문법 용어가 나오지 않고, 공통적으로 시험에 답이 되는 단어들이 있다는 것을 알게 되었다. 그래서 답이 되는 단어들로 일명 '정답 공식'을 연상으로 만들어서 아이들에게 녹음을 시켰다. 일주일에 10바퀴씩 돌렸더니 영포자들도 2~3달이면 몇 년 치 문법 과정을 끝내는, 믿기지 않는 일이 벌어졌다.

당장 급하거나, 어떤 걸 어떻게 정리해야 할지 막막하거나, 애들 가르치느라 시간이 너무 없는 선생님들은 시중에 나와 있는 어법이나 구문 분석 책들 중 하나를 골라서 사용해도 된다. 추가로 문법의 각 파트들 중 예외적인 것들도 모두 녹음시켜야 한다. 예를 들면 독립 부정사, 동명사 관용적 용법, 독립 분사구문, if 대용 등등이다.

영포자를 위한
킬러 커리큘럼 1년 치

영포자, 1년만 투자하자

지금부터 설명하는 특별한 방법은 내가 거의 10년 이상 써오는 방법이며 수많은 영포자를 2등급으로 만들어준 방법이다. 정답부터 말하자면 '파닉스 8천 단어 + 녹음'이다.

단어, 숙어는 물론 교과서와 본문 그리고 문법까지 몽땅 녹음시킨다. 파닉스 초등 단어부터 시작하지만 중등 문법과 단어도 포함해야 하고, 고등학교 내신 대비도 같이 해야 한다.

그러면 파닉스부터 고등 과정까지 거의 10년 치를 해야 한다는 얘기인데, 일반적인 방법으로는 불가능하다. 산전수전 다 겪은 10~20년차 베테랑 원장들조차도 해보기 전에는 절대 알 수 없다. 기간은 1년 소요된다.

자, 그럼 4점, 8점짜리 완전 영포자들을 어떻게 2등급으로 만드는지 디테일하게 살펴보도록 하자!

킬러 커리큘럼

이 커리큘럼의 핵심은 단어고 본문이고 모두 토씨를 달아주어야 한다는 것이다. 여러 차례 말했지만 영포자들은 영어 단어를 읽지 못한다.

나는 내가 만든《초고속 파닉스 8천 단어》라는 책으로 진행하지만 서점에서 구할 수 없는 책이므로 이 글을 읽는 선생님들은 시중에 나와 있는 초등 파닉스 책을 이용하기 바란다. 그리고 초중고 단어장도 내가 만든 것들로 숙제를 내주는데 시중에는 판매하지 않으므로 기존에 본인이 구매했던 것들을 사용하면 된다. 단, 최소 2천 단어를 일주일에 최소 1바퀴를 돌아야 효과가 있다.

참고로 영포자는 초등학교 2~3학년이 들어도 이해할 수 있을 정도로 아~~~~주 쉽게 설명해줘야 한다. 만약 이게 힘들다면 내게 메일(akyra@naver.com)로 문의하면 강의 샘플 자료를 보내주고 전화로 간단하게 방법을 알려주겠다.

다음 과정들은 내가 수업 현장에서 고1, 고2 영포자들을 실제로 1~2등급으로 만든 커리큘럼이다. 하지만 늘 그렇듯 아이가 숙제도 잘하고 선생님 말을 잘 듣는다는 전제 조건이 있다. 아이가 좀 느리거나 숙제를 덜 한다면 1년이 아니고 1년 반이나 2년이 걸릴 것이다.

기간	내용
1~2개월	• 숙제 : 1~2주 파닉스 8천 단어 녹음+ 초중 2천 단어 녹음 / 시험에 들어가는 어휘 모두 녹음(교과서 본문과 단어, 외부 교재 본문과 단어 모두) • 시험 대비 : 단어 녹음, 본문 해석 녹음, 영어 본문 녹음을 첫 수업하는 날부터 숙제 로 내줘야 한다. • 수업 : 내신+문법+영작 / 어법 설명은 하지 않고 해석만 해주거나, 지문이 60개 이 상으로 너무 많으면 지문 내용만 설명한다. 영포자는 be동사도 3인칭도 모르므로 중1~2 문법과 영작을 아주 짧고 빠르게 가르쳐서 한두 달 만에 최소 2~3바퀴는 돌 려야 한다. 영작이 학교 시험에 안 나오면 문법만 가르치면 된다.
3~4개월	• 숙제 : 중등 3천 단어, 고등 2천 단어, 교과서와 외부 지문, 어휘 모두 녹음 • 시험 대비 : 1~2개월과 동일 • 수업 : 문법과 영작 / 중1 복습+중2~3+고1(요건 가볍게) 2~3바퀴 돈다.
5~6개월	• 숙제 : 고등 5천 단어, 교과서와 외부 지문, 어휘 모두 녹음 • 시험 대비 : 1~2개월과 동일 • 수업 : 문법+영작 / 중학 전 과정 복습+고1~2 과정 2~3바퀴 가볍게 돈다.
7~8개월	• 숙제 : 고등 7천 단어, 교과서와 외부 지문, 어휘 모두 녹음 • 시험 대비 : 1~2개월과 동일 • 수업 : 문법+영작+어법 / 중등 (중)상위권 문제+고1~2 복습
9~12개월	• 숙제 : 고등 7천 단어, 교과서와 외부 지문, 어휘 모두 녹음 • 시험 대비 : 1~2개월과 동일 • 수업 : 문법+영작+어법+모의고사 / 중등 상위권 문제+고1~2 복습+ 고3에 집중

영포자를 구제해주는
숙제와 수업 노하우

단어와 문법에 집중하라

나는 수많은 영포자 아이들의 성적을 올려줬다. 그중 대표적인 몇 가지만 소개하겠다.

- 60점대 고1 → 8번 수업 후 94.5점(1등급) 1개 반 틀림
- 20점대 고2 → 10개월 후 2학기 기말고사 86점(2등급)
- 10점대 중3 → 1년 후 고1 3월 모의고사 88점(2등급), 1학기 말 고사 92.5점(1등급)
- 4점 예비 고2 → 두 달 후 첫 중간고사 63점(4등급)

영포자는 3등급이 될 때까지 단어와 문법에 집중해야 한다. 영작 숙제를 내주면 안 된다. 다만 중3 때 80점대였던 아이만 영작 실력을 키워준다. 바닥권 아이들은 단어를 읽을 수 있게 만들어줘야 한다. 단어를 읽게 되면 학교에서 교과서 본문이랑 외부 교재를 읽기 시작한다. 문법도 중등과 고등을 같이 잡아나가야 한다. 고등부 레

벨까지 힘들다면 최소 중3 상위권 레벨의 문법 실력을 만들어줘야 한다.

숙제 비법

다음 네 가지를 매일 숙제로 내줘야 한다.

- 단어 : 일주일에 3~5천 단어 1~3바퀴 / 1단어당 3~5번 녹음
- 듣기 : 모의고사 형식 문제집을 한 학년 낮은 걸로 구입해서 하루에 1회씩 3~5권을 풀고 넘어간다. 마더텅과 자이스토리는 어려우므로 다음 학년 레벨로 넘어갈 때쯤 푼다.
- 수준별 독해 : 두 학년 낮은 걸로 시작해서 하루에 5~10개씩 푼다. 상위권은 한 학년 낮은 걸로 시작한다.
- 문법 : 어법이 잘 정리된 시중 교재를 두세 권 정해서 모두 외우게 시켜라! 녹음을 하면 10배 더 빨리 할 수 있다.
- 서술형 대비 : 5천 단어를 외우고 고1 기본 문법+영작이 되기 전까진 교과서만 해주거나 아예 대비를 하지 않는다.
- 모의고사 대비 : 어법에 모두 괄호 치거나 색칠하기. 이 방법은 시간이 없는 고등학생들을 위해 고안해낸 것인데, 효과는 정말 99%다. 앞서 조금 언급했으니, 고등부 경력이 어느 정도 있는 선생님들이라면 이미 어느 정도 감을 잡았으리라 생각된다.

수업 노하우

평상시와 시험 때는 수업 방법이 달라야 한다.

- 평소 때 : 문법 전체를 설명해주고, 서술형 영작은 각 문법 파트당 2개씩 설명한다.
- 시험 때 : 교과서와 외부 지문(모의고사, EBS 등)에서 어법만 설명해준다.

수업 노하우는 이미 지금까지 많이 거론을 해서 이 정도만 하고 넘어가도록 하겠다. 그럼에도 전혀 감이 안 잡힌다면 이 책을 최소 3번 이상 정독하고, 일단 실전에서 한번 해보는 게 중요하다. 음식을 먹어보지도 않고 맛있을까 맛없을까 고민하는 것과 같다. 잊지 말자! 내가 움직이기 전엔 아무 일도 일어나지 않는다는 것을!

고득점의 비결은
문법과 영작이다

시험 대비 문법 박사로 만들어라

전쟁터에서 단어가 총알이면 문법은 총인데, 내가 권총을 가지고 있는 거랑 머신건(기관단총)을 가지고 있는 거랑은 정말 차원이 다르다. 아이들을 문법 박사로 만들어서 머신건을 손에 쥐어줘서 '영어 시험이란 전쟁터'에 내보내면 승리할 확률이 높다.

그런데 문법을 쉽게 못 가르치는 선생님이 너무도 많다. 본인은 잘 가르친다고 생각하지만 정작 아이들은 거의 이해를 못하는 게 현실이다. 시험에도 안 나오는 문법 용어를 남발해서 아이들을 괴롭히고 있지는 않은지 자신을 돌아보자.

나 또한 왜 그러지 않았겠는가!

수천 문제의 지필고사 시험지를 분석한 결과 문법 용어는 절대로 시험에 나오지 않는다는 것을 알게 됐다. 그래서 문법을 가르칠 때 문법 용어는 거의 사용하지 않거나 쉽게 풀어서 설명하니 초등학교 3학년도 관계대명사, 현재완료 등을 너무 쉽게 받아들였다.

선생인 내가 많이 아는 건 중요하지 않다. 아이들 머릿속에 쉽게 문법을 넣어주는 게 중요하다. 모든 파트가 아니라 시험에 나오는 문법 개념을 제대로 넣어주는 게 중요하다. 그리고 고등부는 중등처럼 디테일한 문법 풀이 박사보다는 문법 개념 박사, 즉 외부 지문이나 모의고사 지문을 보고 문법에서만큼은 막힘 없이 해석할 수 있을 정도로만 만들어주는 것이 성적 급상승의 비결이다.

영작을 해야 하는 이유

고등은 보통 외부 지문(EBS나 모의고사) 빼고 교과서만 서술형으로 나오기는 하지만 서울이나 분당, 일산 등 빡센 동네들은 외부 교재나 모의고사에서도 서술형이 나와서 애들이고 선생이고 힘들어한다. 당연히 평소 영작 훈련을 해야 하는데, 고등학생들은 학기 중에는 시간이 너무 없으므로 방학 때 영작 연습을 시켜야 한다.

문법 개념 설명 후 바로 영작 연습에 들어가야 한다. 단, 시험 기간에는 시험 범위에 포함된 부분만 먼저 기본적인 문법들과 더불어 초간단하게 설명한 후 영작 수업을 한다.

결국엔 독해가 열쇠다

아이들의 실력을 키워주는 건 결국 독해가 열쇠다. 영어도 언어인지라 언어를 잘하려면 평소에 책을 많이 읽어야 한다는 것은 누구도 부인할 수 없는 사실이다.

독해를 하는 주된 이유는 독해 안에 단어도 있고 문법도 있기 때문이다. 독해 시간은 그동안 배운 단어와 문법을 확인 사살(복습)하는 시간이다. 특히 중3, 고1은 200~500개 지문을 매일 꾸준히 풀어야 한다. 그래야 기본 실력이 늘어난다(더 중요한 건 엄마들이 너무 좋아한다는 점이다).

이때 단어와 문법이 전혀 안 되는 아이들은 일단 패스! 3~6개월 트레이닝(문법과 최소 3천 단어 암기 후) 후에 매일 5~10개 레벨별로 만든 독해 문제를 시간을 재고 푼다.

- 60점 이하 아이들 : 하루에 독해 문제 3개 풀기
- 70~80점대 이상 아이들 : 하루에 독해 문제 5~6개 풀기
- 90점대 이상 또는 특목고 대비 학생들 : 하루에 독해 문제 10~20개 풀기

받아쓰기를
해야 하는 이유

영작 실력을 키우는 가장 좋은 방법

예전에는 받아쓰기를 크게 신경 쓰지 않았는데, 2009년 교과서가 바뀌고 서술형이 나오면서 논술형까지 나오기 시작했고, 2015년에 중고등 교과서가 전면적으로 다 바뀌고 나서부턴 전국적으로 서술형과 논술형 쪽으로 가고 있는 추세다. 다만 수시로 갈 아이들은 굳이 듣기시험을 위해 받아쓰기를 하지 않아도 된다.

나는 이미 2009년 한참 이전부터 외고, 특목고 대비반 애들에게만 가르치던 영작 책으로 일반 아이들을 가르치기 시작했다. 바닥권에서 3등급으로 올라간 아이들은 수능 듣기 책들로 받아쓰기를 시킨다. 가급적이면 시중에 나와 있는 모든 영작 책들을 구매해서 사용해보기 바란다. 그것이 번거롭고 귀찮으면 온라인 라이팅 회사에 유료회원으로 가입해서 쓰면 편하다.

받아쓰기 얘기하다 갑자기 영작 이야기를 꺼낸 이유는 영작 훈련을 하면 가장 효과적인 받아쓰기가 가능하기 때문이다.

듣기, 영작, 철자 연습까지 한 번에 해결

라이팅 회사에 유료로 가입하면 1명당 1만~2만 원 정도 드는데 이 비용을 학부모에게 청구하면 부담스러워한다. 영작 훈련을 매일 할 수 있는 방법이 뭘까 생각하다 시중에 나와 있는 듣기 책들을 모두 구매해서 아이들에게 받아쓰기를 매일 시켜보았다.

그랬더니 대박!!! 듣기와 영작, 철자 연습까지 세 가지가 한 방에 해결되었다. 듣기에 도움이 되는 것은 기본이고, 철자와 영어 어순도 자연스럽게 익힐 수 있었다. 무엇보다 제일 좋은 건 쓰기를 매일 할 수 있고, 아이가 어떤 단어를 모르는지, 관사나 복수형, 과거형 어느 부분에서 틀리는지 등을 세세하게 알 수 있다. 또한 아이들이 틀리는 곳을 매일매일 잡아나갈 수 있어서 더욱 좋다. 서술형에서 애들이 제일 많이 틀리는 게 관사랑 복수형, 과거형이다.

받아쓰기는 최소 3등급 이상부터

받아쓰기는 아무리 상위권이라 해도 2~3개 낮은 학년의 교재로 시작해야 스트레스 없이 잘 따라온다. 받아쓰기 후 틀린 단어들만 5번씩 쓰는 방식으로 훈련을 시켰더니 중상위권(70~80점대)은 서술형에서 철자를 틀리는 애들이 거의 없을 정도로 매우 효과적이었다. 이 방법을 쓴 지가 벌써 15년이 넘어가는데, 아직도 모르는 선생님이 많은 것 같다. 꼭 실천해보기 바란다.

받아쓰기 역시 독해처럼 기본적인 단어, 문법이 안 되는 4등급 이하의 애들은 비추한다. 최소 3등급 이상이라야 효과를 본다.

예상문제를 찍으려면
외부 지문을 확보하라

시험 유형을 분석하라

요즘은 카페든 사이트든 돈만 주면 어디서든 예상문제를 살 수 있다. 하지만 내 동네 고등학교들 시험지 최소 1년 치를 분석해서 만든 문제가 그런 문제보다 훨씬 적중률이 높다. 중등부뿐만 아니라 고등부도 내 학생의 학교에서 어떤 유형의 문제가 나오는지 빠삭하게 알고 있어야 한다.

서술형은 몇 문제가 나오는지, 교과서에서는 몇 문제가 나오는지, 외부 지문에서는 몇 문제가 나오는지, 외부 지문에서 서술형이 나오는지 안 나오는지, 전체 시험 난이도는 어느 정도인지 등등을 완벽하게 분석하고 있어야 학교별 맞춤 예상문제를 만들 수 있다.

아이가 다니는 학교의 1년 치 시험지는 기본적으로 가지고 있어야 한다. 2~3년 치면 더 좋다. 그래야 좀 더 정확한 분석이 가능하다. 그런데 아이가 내 동네 고등학교가 아닌 옆 동네나 다른 동네에 있는 학교를 다닌다면 기출 시험지 확보에 애를 먹을 수 있다.

가장 쉬운 방법은 아이에게 학교 선배한테 가서 작년과 재작년 기출 시험지를 달라고 부탁하라고 말하는 것이다(구체적인 방법은 중등편을 참고하기 바란다). 그럼에도 기출 시험지를 못 구해오면 여기저기 기출문제 사이트에 들어가서 돈을 내고 사든가 없으면 어떻게 해서든지 구해야 한다.

그리고 학교 선생님이 나눠준 프린트와 수업 내용이 잘 필기된 상위권 학생의 교과서와 노트를 반드시 구하도록 하라. 그래야 거의 완벽하게 예상문제를 찍는 족집게 쌤이 될 수 있다.

외부 지문 편하게 준비하는 방법

그런데 예상문제를 파는 인터넷 카페에도 없는 외부 교재를 쓰는 학교들이 종종 있다. 당장 시험 대비는 해야 하는데, 자료가 전혀 없다면 스트레스가 이만저만이 아니다.

대부분 1학기 기말고사는 6월 모의고사를, 2학기 기말고사는 11월 모의고사를 시험 범위에 포함시키는 학교가 많다. 시험은 한 달도 안 남았는데, 그달에 본 모의고사는 변형 문제 자료를 구하기가 너무 힘들다. 사이트나 카페에서 파는 문제들이 나올 때까지 마냥 기다릴 수도 없는 노릇이다. 그렇다고 선생인 내가 일일이 다 만든다는 건 도저히 엄두가 나지 않는 일이다.

이럴 때 대안으로 '너른터'나 '워크시트메이커' 같은 시험문제를 만드는 프로그램을 한 달 정도 결제해서 사용하는 것도 나쁘지 않다. 족보가 없는 처음 보는 외부 지문은 위 두 가지 프로그램 중 하나를 이용하면 쉽게 만들 수 있다. 본문을 집어넣고, 클릭만 누르면 자동으로 단어랑 본문 문제들이 생성된다. 사막에서 오아시스까진 아니더라도 타들어가는 갈증은 없애줄 수 있다. 돈이 든다는 단점이 있지만 아예 자료가 없는 것보다는 낫다.

참고로 위 두 프로그램은 나랑은 전혀 이해관계가 없다. 소개를 해준다 해도 나한테 10원도 떨어지는 게 없다. 예상문제를 준비할 시간이 너무 촉박할 경우에 사용하면 유용하다. 개인적인 바람은 두 프로그램이 계속 업그레이드가 돼서 모든 유형별 문제들이 나올 수 있기를 희망한다. 그런 프로그램이 있다면 정말 대박날 듯싶다.

5장

수능 보기 전까지
다니게 하려면

종이 한 장이
명품 선생을 만든다고?

프린트물에 이름을 박아라

책에도 표지가 있듯이 프린트물에도 표지를 만들어준다면 한낱 프린트물에 지나지 않아 보이던 것이 제본 책 못지않아 보인다. 아이가 실력이 되든 안 되든 상관없다. 아이가 가고 싶은 대학교 이름을 물어본 뒤 그 대학교의 '예비 ○○대학생 김○○'이라고 써주면 된다. 표지만 만들어 이름을 써줬을 뿐인데, '아~ 선생님이 나를 이렇게 신경 써주는구나~' 하면서 아이들은 너무너무 좋아하고 감동한다.

방문과외할 때 중등 애들만 20명 정도가 되니 프린트물을 바꿔서 가져가는 경우가 종종 생겼다. 그래서 아이들 프린트물을 구분하려고 겉에 표지처럼 이름을 써주기 시작했는데, "역시 우리 과외쌤 짱이야~" 하면서 애들이 엄청 좋아했었다. 그래서 고등학생들에게도 적용했더니 효과 만점이었다.

이것을 '성공비' 카페 회원들한테도 알려주니, 애들이 너무 좋아한다고 다들 난리가 났다. 작고 사소한 거지만, 이렇게 하나씩 하나씩 있어 보이게 바뀌 나가다 보면 어느새 명품 선생님이 되어 있을 것이다. 참고로 나는 방문과외만 할 때는 40명까지 가르쳐봤다. 오전 11시 반 유치부에서 시작해서 고3까지 가르치고 나면 매일 새벽 1~2시였다. 정말 일주일 내내 쉬지 않고 가르쳤다. 그래서 허리에 디스크가 왔다.

기억해라! 명품은 디테일에 강하다는 것을!!

성적 향상을 위해 전력투구하라

프린트물 표지는 약간 두꺼운 켄트지나 아트지로 출력하면 제본을 하지 않아도 제본한 효과를 볼 수 있다. 이때 스테이플러로 찍으면 안 되고 펀치로 동그란 구멍을 내서 고리를 걸어주면 애들도 좋아한다. 그냥 주면 덜렁거려서 보기 싫고 잘 찢어지니 다이소에서 천 원짜리 파일 폴더를 사서 같이 줘라. 인터넷에서 주문하면 더 싸다.

물론 제본하는 게 더 좋다. 하지만 학생들이 얼마 없을 때는 상관없지만, 수십 명이 되면 이것도 일거리가 된다. 굳이 일거리를 만들 필요는 없다.

수업 이외에 드는 시간은 가급적 줄여야 한다. 대신 애들 가르치고 교재 연구, 수업 연구 그리고 성적을 팍팍 올려주는 데 전력투구해야 한다.

이 글을 읽는 선생님이 경력이 많은 30대 후반이나 40대라면 교재나 수업 퀄리티를 강하게 높이길 추천한다. 다시 말해 수업 말고 돈을 벌 수 있는 콘셉트를 만들어야 한다. 50~60대까지 일할 수는 없는 노릇 아닌가.

| 프린트물 표지 사례 |

기말고사 대비

(최종)

22학번 이대생
지영이꺼!

(이거 건들면 뺨빠100대!!)

이화여자대학교
EWHA WOMANS UNIVERSITY

-수능폭집게 Danny쌤-

중간고사 대비

(외부지문)

승민 최종

2022학번 서울대생
승민이꺼!!

(이거 건들면 뒤배기 50대!!)

서울대학교

-수능폭집게 Danny쌤-

학부모가 좋아하는
고등부 회비는?

주변보다 30~40% 싸게 받아라

몇 년 전 지방에서 고등부를 가르치는 과외쌤이 회비를 얼마를 받는 게 좋은지 질문을 해온 적이 있었다. 당시 주고받은 대화 내용이다.

"황 원장님, 중등부면 몰라도 고등부는 교과서 외에도 모의고사, EBS 올림포스, 리딩파워, 빠바 등 외부 교재가 70~80개나 돼서 해줄 게 너무 많아서 40만 원 정도 받는 게 맞지 않을까요? 그것도 그룹 과외인데…."

"선생님, 다른 고등부 쌤들도 다들 그렇게 밤잠 못 자가면서 자료 만들고, 12시 넘게 주말, 휴일도 포기하고 가르칩니다. 그런데 그룹 과외 회비는 대부분 30만 원 정도예요. 게다가 거기는 지방인데 잘사는 동네도 아니고 방문과외도 아니잖아요."

가르치느라 고생한 것 생각하면 당연히 많이 받는 게 맞다. 하지만 비싸게 많이 받을 수 있는 동네가 아니라면 조금 덜 받고 편하게 가르치는 게 좋다. 참고로 광주에서 고등부만 100명 이상 가르치는 한 학원은 숙제량 엄청 나고 숙제 안 해오면 한두 번만 봐주고 내보낸다. 그리고 SKY 많이 보내기로 소문난 고3만 100명 이상 가르치는 인천의 한 학원은 주 3회(평일 2회, 토요일 하루 종일) 아주 빡세게 시키고 공부 안 하는 아이들은 내보낸다. 두 곳 모두 회비는 30만 원이다.

그룹과외라면 일반 학원보다 조금 더 비싸게 받아도 학부모들이 이해한다. 하지만 내 노동의 대가만큼 받아야겠다가 아니라 주변 학원들은 얼마나 받는지, 내가 가르치는 동네의 경제적 수준은 어떤지를 고려해서 받아야 한다. 과외든 공부방이든 아이들을 대상으로 하는 사업이고 경쟁 업체는 널려 있다는 사실을 기억하자.

게다가 코로나 때문에 전국의 학부모 가계가 초비상이다! 적금 깨고 보험 깬 지는 이미 오래됐고, 대출에 대출로 생활비 쪼개서 학원비 내는 가정이 너무 많다. 그룹과외는 주변보다 30~40% 싸게 받아라. 그러면 학생 모집 때문에 고민하지 않아도 될 것이다. 내가 생각하는 적정 금액은 18만 원이다. 최대 19.8만 원.

회비를 싸게 받으면 학생들을 많이 모집할 수 있을 뿐만 아니라 아이들이 그만두는 속도가 느려진다는 장점이 있다. 예를 들어 고1 때 처음 들어왔다면 고3 수능 볼 때까지 회비를 안 올리겠다 말해보자. 그러면 학부모들이 고마워서 최소 고1 1학기까지는 그만두지 않는다. 특히 그동안 가르치던 중3이 있다면 고1 되기 한 달 전에 고3 수능 볼 때까지 그동안 받던 중학교 회비를 그대로 받겠다고 말해보라. 그러면 바로 입금된다.

물론 학생이 너무 많아 더 이상 받을 수 없을 정도라면 그럴 필요는 없다. 하지만 한 명이 아쉬운 상황이라면 그렇게 해서라도 받아라. 장기적으로 보면 그게 훨씬 이익이다.

학원도 다이소 전략이 필요하다

30~40% 싸게 받고 그룹과외식으로 가르칠 건지, 절반 가격으로 20~40명 수업할 건지(대형 학원), 초저가로 수십 명 모아놓고 자기주도형 수업(인강 자기주도)으로 돌린 건지 나만의 방식을 정해야 한다. 이 3가지 방식 모두 잘 먹힌다. 물론 공부방이면 거실에 수십 명을 넣을 수 없으니, 그룹과외식으로 하는 게 맞다. 비싸게 받으면 불법이지만 싸게 받는 건 아무런 문제가 안 된다.

저가의 성공 사례는 어제오늘의 일이 아니다. 그런데 원장 경력 20년이 돼도 이 사실을 모르는 분들이 많다. 대전의 한 학원은 중등은 13.6만 원, 고등은 16.8만 원을 받는데 다른 학원의 절반이 안 된다. 그런데 이 말도 안 되는 가격에 차량까지 운행한다. 물론 정원은 한 반에 20명이다. 저가로 운영하니 이 학원 주위 반경 5km 안에 있는 학원은 초토화됐다. 학생 수가 1천 명 이상 되고, 그곳 고등부 강사 월급은 1천만 원이 넘는다고 한다.

한마디로 '다이소' 전략이다. 다이소처럼 건물은 크게 지어놓고 다른 곳보다 절반 이하의 가격을 받으니 소비자인 학부모 입장에서 안 보낼 이유가 없는 것이다. 코로나 때문에 오프라인 점포들은 거의 문을 닫거나 망해가는 실정이다. 그런데 오프라인 점포 중 유일하게 줄 서서 기다리는 곳이 있는데, 그곳이 바로 다이소다. 나는 여길 일주일에 최소 1번 정도 간다.

건물이 있는 원장 쌤이나 투자자를 만나서 전국 동네마다 다이소 같은 학원을 만들고 싶은 게 나의 바람이자 목표다. 한마디로 인테리어는 스타벅스급인데 가격은 다이소인 학원! 그것도 건물을 통으로 다 쓰면서 말이다. 나도 학부모지만 그런 곳이 있다면 당장 보내고 싶다!

중 3 때부터 수능 보기 전까지
쭉 다니게 만들어라

내 자식과 남의 자식

공부방이나 학원을 운영하다 보면 하나라도 더 챙겨주고 싶은 학생이 있다. 나와 성격이 잘 맞아서 마음이 가기도 하고 특별한 사연이 있는 아이들은 짠해서 챙겨주지만, 대개는 오랫동안 가르쳐온 아이들은 내 자식 같아서 하나라도 더 가르쳐주고 싶다.

그런데 여기서 주의할 점이 있다. 아이들에게 온갖 정성을 쏟았는데 6개월도 안 되어 그만두면 경험이 짧은 선생님들은 허탈감과 자괴감에 빠지기 일쑤다. 고1 때 들어온 아이들은 중학교 때부터 내가 가르친 아이가 아니라서 내일이라도 당장 그만둘 수 있다는 점을 잊어서는 안 된다. 쉽게 말해서 중학교 때 같이 열심히 공부해서 고등학교에 들어간 아이는 내 자식이고, 고등학생 때 들어온 아이는 남의 자식이라고 보면 된다.

특히나 중학생 때 시작해서 고1 여름방학 때까지 함께 공부하면 성적이 안 나와도 칼자루는 이미 아이 손에 넘어갔다고 보면 된다. 그다음부터는 성적이 안 나온다고 학원이나 공부방을 옮기라고 해도 웬만해선 옮기지 않는다. "엄마가 뭘 알아? 내가 알아서 한다고!!!" 또는 "이 선생님 끊으면 나 아무 학원도 안 다닐 거야!"라고 말하며 대부분 졸업할 때까지 다닌다.

고등학생 때부터 시작한 아이들이 졸업할 때까지 함께 가는 경우는 사실 많지 않다. 성적이 조금만 떨어져도 조금만 마음에 안 드는 구석이 있으면, 숙제도 제대로 안 해오고 맨날 지각하면서 그런 거는 쏙 빼고 선생이 못 가르친다는 둥 실력이 없다는 둥 선생 탓을 하면서 보통 6개월 만에 그만둔다. 길어야 1년이다.

머리 검은 짐승(남의 새끼)은 거두는 게 아니란 말이 있다. 꼭 맞는 비유는 아니지만, 고등부를 최소 5~6년 이상 경험했던 선생님들은 100퍼센트 이 말에 공감한다고 말한다.

부모 같은 마음이 내 자식으로 만든다

아이를 오래 다니게 하려면, 즉 내 자식으로 만들려면 아이와 밀당을 해야 한다. 성적은 크게 안 올라도 된다. 때론 매섭게 호통을 치기도 하고 때론 기운을 북돋워줘야 한다. 정말 내 자식처럼 대해야 아이들도 마음의 문을 열고 나를 신뢰하고 의지하게 된다.

만일 숙제를 제대로 안 해오는 학생이 있다면 다음과 같이 따끔하게 야단친다.

"이렇게 계속 숙제를 제대로 안 해오면 짜른다! 언제든지 그만둬도 상관은 없는데, 이렇게 공부하면 인서울은커녕 취직도 안 되는

후진 대학 간다!"

어른들이 흔히 하는 식상한 말이긴 하지만 어느 정도 효과는 있다. 아이는 언제든지 다른 학원이나 공부방으로 옮겨갈 수 있지만, 선생님이 정말로 자신을 걱정하고 있구나 하는 마음이 들면 귀를 기울인다. 그렇게 말한 다음 잠시 뒤 아이를 다독인다. '넌 할 수 있다!'는 자신감을 심어주는 것이다.

"그러니까 철수야, 숙제만 제대로 해오면 지금 네 실력이면 인서울은 충분히 들어갈 수 있어. 우리 조금만 더 파이팅하자!"

그런 다음에는 바로 피자나 햄버거 등 먹을 것을 사준다. 고등학생들은 식욕이 왕성해서 늘 배가 고프다. 그래서 잔소리 다음엔 항상 먹을 걸 줘야 좋아한다.

영포자를
우대하라

영포자는 노답이 아니라 답이다

10~20점대 바닥권 아이들, 즉 영포자는 '노답'이라고 말하는 선생님들이 많다. 잠시 세 선생님들의 이야기를 들어보자.

A : 고등 바닥권 애들은 안 들어왔으면 좋겠어요. 단어는 당연히 못 읽고, be 동사도 모르니 돌아버리겠어요.

B : 고2인데 be 동사요? 그 정도면 양반이죠~ 제가 가르치는 애는 고3인데, 동사원형이 뭐냐고 물어보더라고요. 내가 이런 애들 가르치려고 영문학과 나왔나 자괴감이 드네요

C : 저는 열심히 공부하는 애들만 데리고 갑니다. 그리고 바닥권 애들은 아예 안 받는 게 속 편해서 4등급 이하부터는 안 받아요.

일반적으로 영포자를 노답이라 말하는 이유는 영포자는 아는 게 하나도 없으니 어디서부터 어떻게 가르칠지 답이 안 나오기 때문이다. 게다가 영포자 아이들은 열심히 노력도 안 하니 그런 대답이 나

올 만하다. 하지만 나는 '노답'이 아니고 '답'이라고 단언한다.

영포자보다 1, 2등급이 더 힘들다

나는 고등부는 주로 바닥권 아이들을 받는다. 나와 중학교 때 고등 과정을 몇 바퀴 돌았던 애들 중 나와 신뢰관계가 돈독한 착한 애들만 수능까지 데리고 간다. 이런 애들은 이미 중학교 때 수능 단어랑 어법 등을 거의 마무리했기 때문에, 고등학교 때는 대부분 복습이라서 수업할 게 별로 없어 아이도 나도 매우 편하다. 그리고 내가 그만두라고 해도 안 그만둔다. 내가 편하고 좋다며 계속 다닌다. 솔직히 단어도 못 읽는 까막눈을 1~2등급을 만들어주었으니, 나에 대한 신뢰감과 성적에 대한 불안감이 공존하는 듯하다. 나를 만나지 않았다면 아직도 영포자였을 테니 말이다.

오히려 1~2등급이 더 힘들다. 아무리 열심히 가르쳐도 소개도 안 해주고, 몇 달 다니다 그만두는 애들이 많다. 특히 고등부 상위권 여학생들은 너무 까다로운 데다 오래 다니는 애들을 거의 못 봤다.

바닥권이라 안 받거나 귀찮다는 선생님들이 알게 모르게 많다. 나는 바닥권이든 상위권이든 고3이든 일곱 살이든 애들이 없을 때는 무조건 받았다. 돈이 없을 때는 찬밥 더운밥 가릴 수 없다.

돈을 벌려고 하면서 귀찮고 힘든 거는 안 하겠다고 한다면 어떻게 돈을 제대로 벌겠는가! 늘 말하지만 편한 건 돈이 안 된다. 돈이 되는 건 모두 귀찮은 것들뿐이다. 귀찮다고 생각될 때마다 '나는 지금 돈을 벌고 있다' 이런 생각을 하면 전혀 귀찮아지지 않는다.

등급별
관리법

성적은 천천히 올려줘라

강원도에서 중고등 전문 영어학원 원장님의 사례다. 영어 1~2등급을 왔다 갔다 하며 전교 20~30등 정도 하는 고2 학생을 열심히 가르쳐 10개월 후 100점 받고 기말고사에서 전교 1등을 했다며 내게 카톡을 보내왔다.

"황 원장님, 제가 고생해서 전교 1등 만들어놨으니 애들 소개 많이 들어오겠죠?~^0^~"

그런데 며칠 뒤 그 아이 엄마로부터 다음과 같은 문자가 왔다며 하소연을 해왔다.

"선생님, 우리 철수가 선생님이랑 안 맞는다고 해서 다른 학원에 등록했어요. 죄송해요. 그동안 수고 많으셨습니다."
이런 문자를 받고서야 그 원장님은 내 말을 주의 깊게 듣지 않은 걸 후회했다.

> "황 원장님이 1등급이나 1~2등급 왔다 갔다 하는 애들은 받지 말
> 라고 했는데, 까먹고 그냥 받았어요. 그룹으로 묶을 애들이 없어
> 서 회비도 다른 애들이랑 똑같이 받으면서 일대일로 가르치고, 그
> 아이 하나 때문에 새벽까지 토익이랑 토플 책 자료도 일일이 다
> 만들어서 겨우 전교 1등 만들어놨는데 그만둔다고 문자 달랑 하
> 나 보내왔네요. 오늘은 취할 때까지 소주나 마셔야겠어요. 너무
> 멘붕이 와서….”

나는 원장님들에게 성적은 최대한 천천히 올려줘라고 말한다.
한 학기에 5~10점 정도가 적당하다. 한 번 5~10점 오르고, 그다음
시험은 유지하거나 조금 떨어지고, 또 그다음 시험은 지난 시험보
다 5~10점 정도 오르고, 그다음에는 유지하거나 살짝 떨어지는 식
이다. 그런데 이런 식의 줄다리기를 계속하면 안 된다. 1~2년 후에
는 바닥권이나 중하위권 아이들도 70점대까지는 올려줘야 한다.

기본적인 실력이 없는 하위권 아이들은 한두 달 만에 성적을 수
십 점을 올려줘도 그다음 시험 때 점수가 떨어질 수밖에 없다. 기
초 체력이 안 된 아이를 선생님의 열정과 노력으로 간신히 만든 결
과이기 때문이다. 게다가 기말시험은 대부분 어렵게 나오는 경향이
있다. 그러므로 한꺼번에 성적을 너무 많이 올려주는 건 학생에게
그다지 좋지 않다. 차근차근 기초체력을 기를 시간이 필요하다.

1~2등급

1, 2등급 아이들은 가르치기는 쉽지만, 2등급에서 1등급으로 오르거나 1등급의 경우 100점을 받으면 다른 과목 공부해야 한다며 그만둔다. 그러니 지나치게 힘을 쏟지 않는 게 좋다. 차라리 중학교 때 시작한 아이들을 상위권을 만들어서 고3 때까지 데리고 가는 게 좋다. 그리고 결정적으로 상위권 애들은 남학생이든 여학생이든 너무 까다롭다.

1~2등급은 1년이나 2년 안에 수능 전 과정을 5~10바퀴 도는 것을 미션으로 하면 오래 다닌다. 다만, 90점 밑으로 한 번이라도 떨어지면 상위권 학부모는 아이를 바로 그만두게 만든다. 한마디로 선생인 내가 학생의 성적을 조절할 수 있어야 한다. 한 7~8년 정도 가르치다 보면 내공이 생겨 성적 조절이 가능해진다. 경력이 7~8년 정도인데도 성적을 내 맘대로 조절하지 못하는 선생님들은 언제든지 내게 메일(akyra@naver.com)을 보내기 바란다.

3~4등급

3~4등급은 그냥 일반적으로 하던 대로 하면 된다. 너무 빡세지도 지나치게 널널하지도 않게 공부를 시킨다. 하지만 잘해야 2등급까지만 올려줘야 한다. 3~4등급 아이들은 1~2등급 아이처럼 빨리 그만두지는 않지만, 1등급을 찍는 순간 '수학 하러 간다' 또는 '이제 혼자 공부하겠다'라는 핑계를 대고 그만둔다.

5~6등급

5~6등급은 시키는 대로 다 하고 대부분 웬만하면 수능 볼 때까지 다니는 우량 고객이다. 5~6등급은 서술형은 일단 포기다. 3등급이 될 때까지 단어와 문법에 집중해야 한다. 문법도 중등과 고등을 같이 잡아나가야 한다. 고등부 레벨이 힘들다면 최소 중3 상위권 레벨의 문법 실력을 만들어줘야 한다. 중3 때 80점대였던 아이만 영작 숙제를 내주고 실력을 키워준다.

7등급 이하 바닥권

바닥권 아이들은 99% 수능 볼 때까지 다니는 편이다. 하지만 이런 아이들도 1등급으로 만들어주면 열과 성의를 다해 가르쳐준 선생님의 은공도 모르고 본인이 잘해서 1등급 받은 줄 알고 기고만장해져서 수학 하러 간다, 혼자 해보겠다 등의 핑계를 대면서 대형 학원으로 옮겨가버린다. 그만둔 후에는 1000명 중 999명은 돌아오지 않는다.

3부

모르고 저지르는

뻘짓 16

'열심히 잘 가르치면 졸업할 때까지 나와 공부하겠지?'라는 생각이 착각이라는 것을 피부로 느끼기까진 그리 오래 걸리지 않았다. 등록은 학부모 맘에 들어서 결정된 것이지만, 그것이 유지되는 건 학생(고객)과의 관계가 얼마나 좋은지에 달려 있다.

방문과외, 학원, 공부방 모두 교육 사업이다. 사업의 주된 목적은 돈을 벌기 위함, 즉 이윤 추구다. 한마디로 돈을 벌기 위해서 시작한 것이다. 나는 '학생들도 고객'이라는 생각을 전혀 하지 않았다. 아이들이 좋아하는 것들만 해주진 못하더라도, 최소한 싫어하는 일은 해서는 안 된다는 것을 알지 못했다. 나는 10여 년 동안 왜 그렇게 아이들이 그리고 학부모들이 싫어하는 것들만 골라서 했는지….

10여 년 동안 내가 영어 원장으로서 잘못해왔던 것들이 '뻘짓'인 것을 미리 알려주는 사람이 단 한 명이라도 있었더라면…. 이 글을 보는 선생님들은 나 같은 뻘짓을 하지 않기를 진심으로 바란다.

자! 그럼, 예전의 나처럼 이 글을 읽고 있는 선생님이 어떤 뻘짓을 하고 있는지 하나씩 살펴보자!

교과서, 외부 교재 본문
일일이 해석해주기

　중등부는 시험 범위가 2~3개 과밖에 안 돼서 그렇다 쳐도 고등부는 시험 범위 지문이 너무 많아서 교과서와 외부 교재 본문을 일일이 해석해주기가 현실적으로 너무 힘들다. 최소 20~30개, 보통은 60~80개, 많게는 100~200개, 특히 영통 지역은 몇 년 전부터 300개씩 나온다.

　수백 개의 지문을 일일이 다 해줄 수 있겠는가? 감당할 수 있겠는가? 도저히 불가능이다. 그러다 몸만 상한다. 설사 그 많은 지문을 일일이 다 설명을 해준다 해도 아이가 100% 이해할 수 있겠는가? 다 해줄 수도 없고, 다 해줘서도 안 된다.

　고등부만 하는 선생님들은 주말이 제일 바쁘다. 평일은 당연히 12시 넘어서 끝나고, 주말에도 아침 10시에 시작해서 밤 9~10시까지 종일 수업만 한다. 그렇다고 한 달에 몇천만 원 버는 것도 아닌데 말이다.

　어법만 하면 된다! 시험 범위에 들어가는 그 많은 지문들 어법 분석만 제대로 해줘도 밤 샐 판인데, 언제 해석까지 해주겠가! 본문 해석을 녹음 숙제로 대체하면 시간이 거의 절반으로 줄어든다. 어법 설명하는 방법, 단어와 지문 녹음하는 방법은 앞에서 충분히 언급했으니, 다시 한번 꼭 확인하기 바란다.

해석만이라도 녹음시켜서 수업 시간을 절반으로 줄인다면 좀 쉴 수 있는 여유가 생긴다. 최소한 일요일이라도 하루 종일 하는 일이 없기를 바란다.

내신에도 안 들어가는
모의고사 대비해주기

"쌤~ 우리는 왜 모의고사 대비 안 해줘요?"

"진호야, 수능만 잘 보면 되잖아. 굳이 내신에 들어가지 않는 모의고사 대비하다가 내신 떨어지면 어떡하려고 그래. 너는 서술형도 약해서 가뜩이나 내신 대비하기도 시간이 모자란데."

"그래도 좀 해주시면 안 돼요? 다른 학원들은 다 해주던데."

"너 그럼 내신 떨어져도 나 원망하지 마. 알았지?"

"넵!"

결국 진호의 지필고사 성적은 1등급 떨어졌다. 이후 진호와 주고받은 카톡 내용이다.

"진호야 오늘 학원 왜 안 왔니? 어디 갔니? 아니면 아팠니?"

"쌤~ 저 엄마가 당분간 집에서 혼자 하래요~"

"그래… 알았다ㅠㅠㅠㅠ"

그렇게 진호는 카톡 하나만 남기고 나를 떠났다. 본인이 원해서 모의고사 대비를 해줬지만, 정작 지필고사 성적 1등급이 떨어져서 바로 그만뒀다. 그런 일이 몇 번 있은 후 나는 절대로 모의고사를 대비해 주지 않았다. 대신 원하는 애들은 다른 방법으로 해줬다.

내신에도 안 들어가고, 범위도 없는 모의고사를 어떻게 대비하겠는가! 듣기 문제 풀리고, 기출 모의고사나 모의고사 유형 문제들을 풀린다고 모의고사 점수가 급상승할까? 대비한다 치자! 그럼, 70~80개 지문이 나오는 중간고사, 기말고사 대비는 언제 하나?

고3을 제외하곤 모의고사 점수 잘 안 나온다고 엄마들이 살짝 삐치긴 하겠지만 아이가 바로 그만두진 않는다. 하지만 내신에 들어가는 지필고사 성적이 제대로 안 나오면 득달같이 그만둔다. 그래서 고1, 고2 1등급을 제외하고는 모의고사 대비를 해주면 안 된다.

'모의고사 대비 대신에 수능에서 1등급 맞자'라는 전략으로 가는 게 좋다. 모의고사 2년 반 동안 1~2등급 받는다 해도 수능에서 3~4등급 맞는다면 아무 의미가 없기 때문이다. 모의고사 대비할 시간에 내신 대비하고, 방학 때는 문법과 특히 단어에 정말 미친 듯이 올인하면 모의고사를 따로 대비하지 않아도 다음 학기 모의고사에선 단어빨 때문이라도 성적이 오른다.

수업 시간에
독해하기

베테랑이라고 자부하는 10년 이상의 경력 쌤들도 잘 모르고 하는 뻘짓 중의 뻘짓이 수업 시간에 독해하기다. 이것이 뻘짓인 이유는 3등급 이하부터는 독해하는 것은 시간 낭비기 때문이다. 물론 90점 이상 상위권은 복습용으로 괜찮지만, 그 이하는 비추다. 한마디로 아이들 실력 올려주는 것에 크게 도움이 안 된다는 얘기다. 그것도 단기간에는 말이다.

예를 들어 기출 모의고사든 시중 모의고사 형식의 유형별 독해 지문이든 10~12줄의 지문 한 개를 (어법) 분석하고 해석해주는 데 대충 하면 10분, 적당히 하면 20분, 디테일하게 하면 30분 정도 걸린다. 이렇게 독해 지문을 아무리 빨리해도 한 시간 동안 최대 6개인데, 6개의 독해 지문 수업을 해도 실력이 급상승하진 않는다. 여기에 대해서는 누구도 이견이 없을 거다.

참고로 나는 1등급이나 최소 1~2등급 왔다 갔다 하는 아이들 빼고는 독해를 따로 해주진 않는다. 독해를 해주더라도 독해 문제집을 주고 어법만 설명해준다. 독해는 숙제로 내주면 된다. 이보다 더 중요한 건 아이들 레벨에 맞게 독해집을 만들어주는 것이다. 레벨에 맞는 독해집 만드는 방법은 앞에서 설명했으니 다시 한번 읽어보기 바란다.

명심하자!

단어가 1순위고, 문법과 영작은 2순위다. 문법과 단어가 안 되는 아이들은 독해를 하면 안 된다. 해줘봤자 이해를 못하기 때문에 시간 낭비일 뿐이다. 최소 문법은 기본과정 4~5바퀴, 어휘는 최소 3천~5천 단어 정도 레벨까지 올려놓은 후에 독해를 들어가야 한다.

수업 시간에
듣기나 단어 테스트하기

수업 시간에 듣기나 단어 테스트, 받아쓰기는 절대로 해서는 안된다. 물론 수능에 직결되는 모의고사용 듣기를 위한 연음법칙이나 수능에 잘 나오는 문장이나 단어들은 수업 시간에 잠깐 가르쳐도 무방하다. 내신에 안 들어가는 듣기나 받아쓰기는 숙제나 자습시간에 시키기 바란다.

내가 월급 강사로 일할 때 몸이 안 좋거나 피곤한 날이면 시간 때우기용으로 듣기나 단어 테스트를 시키고 잘하는 애들은 받아쓰기를 시키는 등 수업을 안 했다. 나뿐만 아니라 다른 월급 강사들도 다들 그런 식으로 시간을 때웠다. 어차피 강사 월급은 매달 똑같기 때문에 그다지 열심히 하지 않았던 것 같다.

하지만 학원을 차리고 나서부터는 수업 시간엔 절대로 듣기, 단어 테스트, 받아쓰기를 하지 않았다. 지금 이 글을 보는 독자가 원장이라면 강사 쌤에겐 듣기 수업을 절대 못하게 하는 게 좋을 것이다! 시간 때우기 할 시간 있으면 귀중한 수업 시간에 문법이라도 한번 더 설명해주자. 적어도 내가 월급 강사가 아니라면 말이다.

5~6년 차 원장이라면 수업 시간에 단어 테스트하는 분들은 거의 없다고 본다. 하지만 시험 기간 때만 되면 단어와 본문을 외워오라고 숙제 내주고 안 외워오면 수업도 안 하고 아이들을 쥐잡듯이 잡는 분들이 있다. 수업할 시간도 모자라는데 아이들 야단치느라 시간을 낭비해서는 안 된다. 가르칠 게 너무 많은 고등부 선생님보단 주로 중등부 선생님이 많이 저지르는 실수 아닌 실수다.

시험 때
보충 안 해주기

시험 때 보충은 반드시 해줘야 된다!

왜?

남들 다해주니까!

사실 나도 처음에는 못 해줬고, 나중에는 귀찮아서 안 해줬었다. 그런데 시험 때마다 보충을 안 해주니까 아이가 옆 경쟁 학원, 경쟁 공부방으로 가버렸다. 이런 말 해도 될지 모르겠다. 다 그런 것은 아니지만, 사실 많은 엄마들은 자식이 시험(준비) 기간 때 주말에 12시나 오후 1시까지 늦잠 자고, TV 보는 꼴을 너무 보기 싫어한다. 그래도 귀찮다면 예전의 나처럼 애들이 없어서 전전긍긍할 수밖에 없다.

스펙과 실력과 경험이 많아서 괜찮다고 생각하지 말자. 학원가에 오래 있으면서 엄마들의 요구에 적당히 잘 따라주는 원장은 모두 수백 명의 학생들을 데리고 있다. 애들 성적은 토익 점수가 아니다. 계속 오를 수만은 없다. 분명 평균 1년에 한 번은 떨어지게 되어 있다. 떨어진 성적에 대한 책임은 선생이 져야 한다. 하지만 평소에 학부모의 요구 조건들을 어느 정도 맞춰주면 성적이 떨어졌다고 득달같이 그만두는 일은 없을 것이다.

그리고 시험 보는 주간에 수업을 하는 선생님들이 있다. 예를 들어 수업이 월수금이고, 중간고사 또는 기말고사 시험 기간이 화수목인데, 금요일에 수업하는 식이다. 온다고 해도 안 받아야 한다.

대신 지필고사 보는 주간에는 영어든 수학이든 시험 보기 전날에 일주일 치 수업 시간(5~6시간 이상) 동안 오게 한다. 여태까지 배웠던 부분들을 다시 한번 복습하고 집에 보내는 게 좋다. 선생님이 시험 전날에 90~100% 나오는 것들 찍어줄 수 있다면 아이들은 나의 찐 팬이 될 것이다.

그리고 그 주에는 아이들을 부르지 마라. 어차피 애들은 시험 끝났으니 스트레스 풀러 남자애들은 피방(pc방)으로, 여학생들은 노래방으로 간다.

시험 끝나고
바로 진도 나가기

시험 끝나고 바로 진도 나가는 선생님들이 많다. 설날 차례상 끝내자마자 바로 추석 차례상 차리면 좋겠는가? (남자 원장쌤들은 이해 불가. 제사 준비하는 여자 원장쌤만 이해할 듯) 같은 이치다.

아이들이 제일 스트레스받는 '시험이란 거사'를 치렀으니, 한 일주일 정도는 약간 느슨하게 널널하게 가는 게 좋다. 아이들이 다시 제 속도를 낼 때까지 조금만 천천히 시작하자.

시험 끝나고 그다음 주는 숙제도 조금 줄여주는 게 좋다. 아이들은 공부하는 기계가 아니다. 큰 경기를 뛴 운동선수들은 한두 달 정도 휴식 시간을 갖는다. 그렇지 않으면 다음 경기에서 제대로 뛸 수가 없기 때문이다. 아이들도 마찬가지다. 몇 주 동안 잠도 제대로 못 자서 심신이 지쳐 있다. 쉴 틈을 줘야 한다.

단어 테스트 통과 못한 애들
남겨서 재시험 보기

학생들(고객들)이 싫어하는 건 이제 그만하자. 아이들이 첫 번째로 싫어하는 건 단어 외우는 것이고, 두 번째로 싫어하는 건 단어 시험 통과 못하면 재시험 보는 것이다. 정말 독한 쌤은 아이가 단어 다 외울 때까지 집에 안 보낸다. 학원(또는 공부방)에서 밥도 못 먹고 몇 시간 동안 말이다.

만일 내 딸이 이런 곳에 다닌다면 나는 당장 끊게 할 것 같다. 심지어는 고3만 전문으로 하는 경기도 어느 지역 원장쌤은 무조건 1등급만 받는데, 올 때마다 300단어 외워 가야 되고, 단어 숙제 안 해오면 수업도 못 듣고, 두 번째도 안 해오면 바로 자른다고 한다.

그 학원은 성공했을까?

대답은 안 봐도 비디오다. 아니 요즘은 안 봐도 동영상이라고 한다. 고객이 제일 싫어하는 것을 해결해주면 나의 평생 고객이 된다는 것을 명심하길 바란다. (물론 평생은 아니고, 고등학교 졸업할 때까지만^^)

숙제 안 해오면
무! 조! 건! 남김?

중학생들은 사춘기라 왜 공부해야 하는지 몰라서 공부를 싫어하지만, 고등학생들은 공부를 안 하면 좋은 대학을 못 가니깐 알아서 한다고 생각한다. 하지만 이미 '옛날 말'이다. 요즘 애들은 공부는 조금만 하고, 1~2등급 받고 싶어 하는 욕심쟁이들이다. 숙제 안 한다고 남기면 애들이 기분 나빠서 그만두게 된다. 이미 언급했듯이 고등학생은 본인이 칼자루(등록과 퇴원을 결정)를 가지고 있기 때문에 밀당을 해야 빨리 그만두지 않는다.

상위권 대학이나 인서울을 못할 것 같은 아이들은 그다지 열심히 공부하지 않는다. 더군다나 2021년부터 대학교 미달 사태가 나서 등록금만 내면 갈 수 있는 대학교들도 있다. 한두 번 정도는 봐주면서 그냥 넘어가기도 하고, 강하게 혼내기도 하고 쥐었다 풀어줬다 해야 한다. 너무 강하면 부러지기 마련이다. 당근과 채찍을 적당히 교차해서 줘야 오래간다(교육열 높은 곳은 추천하지만 그 이외에는 역효과가 난다).

숙제 계속 안 해오면
자르기?

간혹 서울 상위권 대학교에 많이 입학시킨, 동네에서 잘나가는 소문난 쌤은 애들이 넘쳐날테니 예외지만 대부분은 아이 한 명 한 명이 소중한 상황일 것이다. 애들이 많지도 않은데 이래서 자르고, 저래서 자르고 그러다 전기세와 월세는 어떻게 낸단 말인가!

숙제를 안 해온다고 자르면 남는 애들이 별로 없다. 어차피 본인도 좋은 대학은 못 간다는 걸 잘 알고 있다. 학원을 단지 현실 도피처로 삼는 애들도 있다.

숙제를 하다 말다 하는 애들은 적당히 밀당해서 서서히 숙제율을 높이는 게 좋다. 숙제만 안 해오는 애들은 그대로 유지한다. 숙제 안 해오는 애들한테 잔소리하거나 남기거나 하면 아예 오지를 않기 때문이다. 다만, 일진이나 수업 방해하는 아이, 자꾸 빠지는 아이, 그리고 버릇 없는 애는 어차피 그만둘 것이므로 빠른 시일 내에 정리하는 게 좋다.

심각한 표정인 아이
숙제 안 했다고 혼내기

(수업 시작하자마자)

지혜 : 쌤~ 인생이란 게 뭐죠?

바보 원장 : 쓸데없는 얘기하지 마! 진도 많이 늦었어.

아마추어 원장 : 인생 뭐 있어? 학생 인생은 공부하는 거고, 내 인생은 널 가르치는 거야. 쓸데없는 얘기 그만하고 진도 나가자!

프로 원장 : 어? 지혜야. 집에 무슨 일 있니? 오늘 공부하기 싫지? 오늘 하루 공부하지 말고 빕스 가서 맛있는 저녁 먹을까? 대신 딴 애들한테는 비밀이당~ (밥 다 먹고 디저트 먹으면서) 오늘 집에 무슨 일 있었니?

지혜 : (기분 풀어져서) 네? 아~ 아니예요. 그냥 물어봤어요^^

일대일 수업이 아니라 그룹 수업일 경우에는 "무슨 일 있구나, 수업 끝나고 잠깐 남아~ 쌤이랑 잠깐 3분만 얘기하고 가"라고 말하면서 수업 후 아이가 좋아하는 음식을 사주면서 찬찬히 물어보며 기분을 풀어주자. 중학생이 인생에 대해 물어보는 건 십중팔구 집안에 안 좋은 일이 일어난 거다. 부도가 나거나 부모님이 이혼 또는 별거하는 경우가 많다. 기억하자! 아이한테는 오늘만 날이 아니다. 하루 수업 빼먹는다고 큰일 안 난다. 아이의 마음부터 다독여주자.

대부분의 원장 쌤들이 본인은 수업도 잘하고 애들 관리도 잘한다고 생각한다. 하지만 대화를 나누다 보면 주먹구구식으로 관리하거나 아예 관리를 하지 않는 분들도 많다. 그동안 카페 '성공비'를 운영하면서 수천 명의 쌤들을 만나왔는데 관리를 못하는 선생님이 너무 많았다.

학생도 고객이라는 생각을 하지 않아서 이런 일이 생긴다. 어떤 고객이 손님한테 성질내는 곳을 가겠는가! 고객이 싫어하는 것은 하지 않고 좋아하는 것만 한다면 그곳이 식당이든 학원, 공부방이든 대박 나는 건 시간문제일 것이다. 자! 이제부터 우리 고객들이 어떤 것들을 싫어하고 좋아하는지 제대로 한번 알아보자!

한두 달 만에 성적
너무 많이 올려주기

공부방 원장님들이 흔히 저지르는 실수 중 하나는 단기간에 성적을 많이 올려주는 것이다. 특히나 공부방을 시작한 지 얼마 안 된 초보 원장님은 열과 성을 다해 가르치고, 따로 시간을 내어 보충도 해주고 숙제도 많이 내준다. 그러면 당연히 성적이 급상승할 수밖에 없다. 그런데 엉뚱한 결과가 나타나 당혹해하는 원장님들이 많다. 분명 성적이 올랐는데 그만두고 다른 곳으로 가버리는 것이다. 《선녀와 나뭇꾼》 이야기에서 선녀에게 옷을 주면 하늘나라로 바로 올라가버리는 것처럼 말이다.

단기간에 성적을 너무 많이 올려주면 안 되는 이유는 두 가지다.

첫째, 몇 달 공부해서 40점 이상 급상승하면 학부모는 자기 자식이 똑똑해서 잘하는 줄 알고 더 큰 곳으로 보낸다.

둘째, 성적이 한두 달 만에 수십 점 오르면 그다음 시험에서 점수가 조금만 떨어져도 기분이 상해서 그만둔다.

방학 특강 안 하거나
돈 더 받고 하기

특강은 반드시 해야 한다! 왜? 안 해주면 엄마들 삐져서 옆 경쟁 학원, 경쟁 공부방으로 간다. 또는 당장 안 그만두지 않아도 특강 들으려고 다른 학원(또는 공부방)도 같이 다닌다. 그러다가 특강 들은 새로운 곳이 마음에 들면 개학 후 나와 헤어지게 된다.

특강은 무료로 해주든가 아주 조금만 받고 해주는 게 좋다. 경기가 좋을 때는 특강도 잘 팔린다. 하지만 요 몇 년 새 평균 가게 빚이 1억 원이 넘었고, 코로나 때문에 가게 빚은 더 늘어가고 있다.

만약 제값 받고 하려면 학부모한테 먼저 물어보자! 학부모가 선택할 수 있도록 말이다. 대부분의 엄마들은 돈을 안 받는다고 하면 특강을 원한다. 일방적으로 내 맘대로 특강비를 정한다면 방학이 끝난 후 텅빈 교실을 보게 될 것이다. 원장을, 자기 자식을 돈으로만 보는 완전 장사꾼이라 생각해 마음에 안 들어 그만두기도 한다.

성적이 올라도
보상 안 해주기

성적이 오르면 보상을 해줘야 한다고 말하면 대부분의 선생님은 다음과 같이 말한다.

"아니, 중학생이야 사춘기고 공부를 너무 싫어하니까 문상을 주는데, 고등학생까지 줘야 합니까? 공부 안 하면 지들만 손해지, 그렇게 하지 않아도 어차피 할 놈들은 합니다."

'보상'을 영어로는 'Give And Take'라고 한다. 즉 받은 다음에 주는 것이 아니라 준 다음에 받는 것이다. 쉽게 얘기해서 먼저 줘야 받을 수 있다!

학습 의욕이 없는 애들에게 해주는 최고의 동기부여는 성적이 올랐을 때 보상해주는 것이다. 고등부 아이들은 공부할 양이 너무너무 많다. 영어뿐 아니라 수학도 해야 하고 국어, 과탐, 사탐, 논술까지. (나는 고등학교 시절로 돌아가라고 하면 절대로 돌아가지 않을 것이다. 차라리 군대를 한 번 더 가는 게 낫겠다. 군대는 머리 쓸 일도 없고, 몸도 엄청 건강해진다^^)

생일
안 챙겨주기

심리학적으로 나에게 잘해주는 사람에게 잘해주면, 그 사람은 나에게 더 잘해준다고 한다. 그러니 아이들의 생일을 챙겨줘라! 감동이 각인된다. 문상이나 문구 세트 같은 허접한 거 말고 1년 동안 기억될 만한 선물을 줘라! 그것도 듬뿍! 그래 봤자 1년에 1번이다. 되로 주고 말로 받는 전략이다. 그렇다고 모든 학생에게 주는 것은 아니다. 한마디로 나의 찐 팬만 챙기면 된다.

- 선생님 말 잘 듣고 숙제 항상 잘해오는 아이
- 회비 매달 잘 내는 아이
- 결정적으로 학부모가 진상이 아니어야 한다.

위 3가지 조건을 만족해야 생일을 챙겨준다. 여기서 한 걸음 더 나아가 소개까지 해준 학생은 1순위로 챙겨준다. 어쩔 수 없다. 은행이나 백화점에서도 VIP 손님들은 따로 관리하는 것처럼 학원, 공부방(또는 방문과외)도 VIP 학생들은 따로 관리해야 한다.

애들 보고 기출문제집
사오라고 시키기

.

모든 기준은 학원가에서 하는 것처럼 해주는 게 좋다. 학원가에서는 대부분 책값을 따로 받지 않는다. 받더라도 최저로 받는 게 좋다. 한 달에 5천 원~1만 원 정도가 좋다.

책값을 따로 받지 말아야 하는 결정적 이유는 학부모의 간섭을 안 받기 위함이다. 책값을 따로 받으면 엄마들이 아이의 책을 뒤적거린다. 진도는 제대로 나가고 있는지, 지금까지 나간 진도 중에 안 한 부분은 없는지, 아이한테 어려운지 쉬운지 꼼꼼히 체크를 한다.

왜냐고? 매번 돈이 적게는 2만~3만 원에서 많게는 분기마다 10만 원 정도가 나가니 소비자 입장에서는 당연한 일이다. 하지만 책을 공짜로 주면 공짜로 받았기 때문에 대부분의 학부모가 선생님에게 태클을 걸지 않는다.

내 수업에 학부모가 이러쿵저러쿵 관여하는 것을 좋아하는 선생님은 없다. "그럴 거면 지가 가르치지"라는 소리가 절로 나온다.

문제집
한 권만 사기

"틀린 문제를 세 번 이상 풀려면 문제집은 3권 이상 사거나 출력을 해야 하는데, 그 많은 걸 어떻게 하나요?"

잔돈 아끼려는 사람은 큰돈 못 번다. 아이가 졸업할 때까지 4~5년 나와 공부하면 1천만 원이 내 통장에 들어오는데 그깟 종이값이 대수겠는가. 분기마다 기출 예상문제집을 최소 3권은 사야 하는데, 시험 때마다 그걸 다 사라고 하면 학부모들은 싫어한다. 그래서 불법인 줄 알면서 복사해서 나눠주는 분들이 많은데, 복사비도 많이 든다며 1만 원씩 받는 짠돌이 분도 가끔 있다. 아이가 오래 다니길 원한다면 책값을 받지 않는 게 좋다.

공부방의 경우 복사기를 놓기엔 집이 좁고, 그렇다고 안 사자니 밤새도록 출력해야 하는 딜레마가 생긴다. 그리고 복사기 1대로는 시간이 오래 걸린다. 기계치가 아니라면 무한잉크 프린터 1대, 흑백 복사기 1대를 대여하는 걸 추천한다. 비용도 덜 들고 출력 시간이 줄어들어 매우 효과적이다.

부록 1

녹음과 관련된

질문들

Q1 굳이 녹음을 시켜야 하나요?

10년 전 머리 좋은 90점짜리 상위권 여학생이 본문을 다 외웠다. 그런데 중간고사에서 딱 두 문제 틀렸는데, 눈 감고도 다 맞혔던 본문 빈칸 문제여서 정말 놀랐다. 물론 그 아이는 시험을 보자마자 학원을 끊어버렸다. 그 이후부터 모든 아이들에게 단어 녹음은 물론 본문도 녹음시켰다.

한번은 중학교 2년 동안 40점을 넘어본 적 없었던 지훈이란 아이가 중3 되기 한 달 전 2월에 들어왔다. 나는 점수가 바닥인 아이들은 학기가 시작되기 전부터 단어와 본문을 녹음시킨다. 3월 말에 지훈이가 전교 1등 했다고 학교 영어 선생님한테 칭찬받았다며 수업 시간에 자랑을 했다.

" 무슨 소리야? 네가 뭔 전교 1등이야?"

"오늘 수업 시간에 1과 본문 빈칸 넣기 시험을 갑자기 봤는데, 다 맞은 아이가 저 한 명이라고 했어요."

이 일이 있고 나서 나의 믿음에 더 확신을 가지고 녹음에 박차를 가했다. 녹음은 중학생뿐만 아니라 고등학생에게도 동일하게 적용되어야 한다. 중학교 3년 내내 가르쳤던 아이가 종합학원에서 공부하겠다고 중3 겨울방학 때 그만뒀다. 그런데 성적이 4등급으로 떨어졌다고 고1 2학기 중간고사 2주 남기고 다시 내게 왔다. 그 아이가 다니는 학교는 교과서는 기본이고 외부 지문만 70~80개 나와 애들이 가기 싫어하는 학교였다. "2주만 죽었다 생각하고 열심히 달려보자" 하고 단어고 해석이고 본문이고 모두 녹음 숙제를 2배 정도 내줬다. "헐~ 대박!!!! 대니쌤 저 특별히 문제를 많이 푼 것도 아닌데, 86점 받았어요!! 저도 엄마도 완전 깜짝 놀랐어요!" '역시 대니쌤'이라면서 케이크를 들고 왔다. 나도 정말 2주 만에 그런 결과가 나오리라고는 상상도 못했다. 시험이 2주밖에 안 남아서 '그냥 4등급만 유지해도 다행이다'라고 생각했었다.

중등은 시험 범위가 2~3과 밖에 안 되어 가능하지만, 고등은 시험 범위 지문이 70~80개 정도로 너무 많아서 불가능할 거라고 생각했었다. 이 책을 읽는 선생님들은 단 한 번만이라도 실천해보기 바란다. 모든 아이들을 다 시키기에 무리라면 일단 말 잘 듣는 아이 한 명에게라도 시켜보기 바란다. 장담하건대 놀라운 일이 벌어질 것이다.

Q2 녹음은 총 몇 번 해야 되나요?

어느 날 중2 여학생이 수업 중에 갑자기 내게 질문을 했다.

"선생님 독도가 일본 땅이죠?"

"뭐?"

"……"

"넌 진짜 천재다. 우리 녹음 100번 하자!"

성적도 바닥인데, 머리도 너무 안 좋은 아이였다. 일명 '독도 소녀'다. 그때는 '내가 지금 뭐 하고 있나? 이런 아이를 가르치려고 열쌤이 된 건 아닌데…'라고 생각했다. 하지만 이내 나는 이 아이는 나의 고객이므로 이 아이를 위해 더 노력해야겠다고 마음먹었다.

말로는 100번 녹음하자 했지만 솔직히 300~400번까지 생각했다. 그런데 정말 놀라운 결과가 나왔다. 80번 녹음 만에 모든 단어 테스트에서 100점을 받았다. 주 2회 수업이니 한 달 후 단어들이 구구단처럼 입에 붙어버린 것이다. 이후 모든 아이의 녹음 기준은 80번이 됐다. 독도 소녀가 됐다는 건 모든 아이들이 된다는 뜻이다.

본문은 최소 100번이고, 보통 200번 정도 시킨다. 기준은 있지만 아이에 맞게 융통성 있게 진행하는 게 좋다. 머리가 좋은 상위권 의 경우 40~50번만 녹음해도 단어 테스트에서 100점을 받는다. 독도 소녀보다 머리가 더 안 좋은 아이, 정말 100번 해도 안 되는 아이는 200~300번 시켜야 한다. 특히, 머리는 보통인데, 영혼 없이 딴생각하면서 녹음하는 아이는 어쩔 수 없이 쓰기 숙제까지 내줘야 한다.

Q3 녹음은 어디에 하나요?

녹음은 핸드폰에 하는데, 핸드폰이 없는 아이들은 mp3를 사서 빌려줘라. 이렇게 말하면 다들 "애들한테 사 오라고 하면 되는데, 왜 내가 사야 하나요?"라고 물어본다. 그렇게 하면 엄마들한테서 굳이 사야 되냐는 태클이 들어온다. 그리고 엄마들이 깜빡깜빡해서 mp3를 사는 데 몇 주가 걸린다. 그 사이에 아이들은 시험 녹음 숙제를 못하게 된다.

몇 만 원 되는 거에 목숨 걸지 말고 차라리 바로 사서 빌려줘라. 아이들에게 "만약에 잃어버리면 엄마한테 말해서 너 용돈에서 제외할 거야. 그러니깐 잃어버리지 말고 잘 가지고 다녀"라고 말하면 정말 웬만해선 안 잃어버린다. 설령 잃어버렸다 해도 돈을 받는 건 좀 없어 보인다. 그냥 한 번은 넘어가라.

대신 "아이가 mp3 잃어버려서 비용을 청구해야 하는데 처음이니 그냥 넘어갈 테니 다음부턴 잃어버리지 않게 주의 부탁드릴게요"라고 말하면 엄마들도 기분 상해하지 않는다. 손님이 밥 먹다가 그릇을 깼다고 그릇값을 받는다면 그 식당엔 두 번 다시 가지 않을 것이다. 당연히 그릇을 깬 사람이 물어줘야 하지만 일부러 그런 것이 아니니 그냥 넘어간다. 늘 말하지만 학원, 공부방, 방문과외 모두가 사업이다. 사업할 때는 사소한 것들은 그냥 넘어가야 한다. 너무 빡빡하게 굴면 단골손님 모두 떠나간다.

Q4 녹음한 거 카톡으로 받아도 되나요?

어느 날 학부모로부터 카톡이 하나 왔다.

"선생님 우리 지수 숙제 잘하고 있나요?"

"네 어머님, 숙제 잘하고 있습니다."

"아~ 그래요? 그런데 그저께 숙제 아직 확인 안 하셨던데요."

이렇게 바로 태클이 들어온다. 카톡은 편하지만 상대방이 확인했는지 안 했는지 확인할 수 있어 족쇄가 된다. 그리고 애들은 토요일도 보내고 일요일도 보내고 아침에도 보내고 새벽에도 보내는 등 자기들 맘대로다. 이놈의 카톡 확인 때문에 쉴 틈이 없다. 수업하다 말고 카톡 검사해야 하고, 쉬는 시간에도, 오밤중에도, 밥 먹다가도 해야 한다. 주말에도 계속 울려대는 카톡 소리에 정신이 혼미해진다. 학생이 몇 명 안 되면 상관없지만, 30~40명의 아이들이 밤낮으로 보내온다고 생각한다면 끔찍할 것이다. 핸드폰이라는 편한 방법이 있는데 굳이 사서 고생할 필요는 없다. mp3를 빌려줄지언정 카톡으로는 절대 받지 않는 게 좋다.

Q5 본문 녹음은 단어처럼 빨리 효과 보기 힘드네요

나처럼 200번을 시키지 않아서이다. 상위권 아이들도 최소 100번 시켜야 한다.

물론 외고, 특목고 대비반의 최상위권 아이들은 머리가 워낙 좋아서 30~40번 만에도 본문을 거의 다 외운다. 하지만 시험 보기 전날까지 녹음시키지 않으면 실수를 해 100점이 안 나온다. 시험 결과는 오로지 선생인 나의 몫이어서 나의 경쟁 학원, 공부방으로 가버린다. 상위권이나 최상위권 아이들은 단어 암기, 교과서 암기라는 고정관념이 머릿속에 박혀 있어 본문 녹음을 싫어한다. 하지만 매일 올 때마다 깜지 쓰기를 시키면 짜증 나서 녹음을 선택한다. 너무 강하게 싫어하는 아이는 강압적으로 시키면 그만두니까 그냥 알아서 외우게 한다.

Q6 문장 한 번 해석 한 번, 이렇게 녹음해도 되나요?

영어 한 문장 읽고 해석 한 번 읽으면 실력이 좋아지긴 하겠지만, 시간이 너무 오래 걸려서 시험 대비를 제대로 할 수 없게 되어 좋은 점수를 받기 힘들다. 어차피 이번 시험 한 번만 보고 두 번 다시 보지 않을 본문인데, 뭐 하러 본문에 시간을 많이 쓰게 하는가. 아이들은 영어 시험만 보는 게 아니다. 수학, 국어, 사회, 과학까지 공부해야 할 과목이 너무 많다. 아이들 실력 향상을 위해 조금이라도 시간을 단축시킬 수 있는 방법이 있다면 나는 언제든지 내 방법을 버리고 그 방법을 선택할 것이다. 성적 팍팍 나오는 방법이 있는데 굳이 애들 고생시킬 필요 없다.

Q7 외부 지문도 녹음하나요?

외부 지문도 본문 녹음과 같은 방식으로 한다. 외부 지문이 시험에 안 들어가면 당연히 할 필요는 없다. 외부 지문 시험 대비하는 방법은 1부 4장에서 자세히 언급했으니, 다시 한번 확인하고 철저히 대비하기 바란다.

Q8 단어 녹음하면 철자 쓰기는 안 해도 되나요?

철자 쓰기를 안 한다는 건 서술형 문제는 포기한다는 말과 같다. 철자가 틀리면 지필고사에서 한 번은 반점(50% 점수)을 주기도 하지만 그다음 시험에서는 철자 하나만 틀려도 틀렸다고 채점하기 때문에 철자 쓰기는 시험 때는 물론 평소에도 철저히 대비해야 한다.

2015년 고교 교육개정이 이루어지면서 "전국의 고등학교에 쓰기를 강화시켜라!"는 교육부 지침이 나온 뒤부터는 서술형이 적게는 30%에서 평균 40~50%가 나오고, 특목고는 70~80%까지 나온다. 전국 중학교가 올 서술형으로 가고 있으니 특히 방학 때는 서술형 대비를 철저히 해야 한다. 사실, 수능 영어가 절대평가가 되어버려서 내신이 계속 어려워지는 이유는 정해진 수순처럼 보인다. 곧 고등학교도 올 서술형으로 갈 확률이 매우 높다.

Q9 본문 녹음하면 빈칸 넣기는 안 해도 되나요?

나는 시험 두 달 전에 일주일간 본문 녹음을 10번 시킨 후에 바로 빈칸 넣기 숙제로 들어간다. 올 때마다 1번씩 본문 보고 베끼기다. 숙제로도 1부 출력해서 베껴오라고 해서 한 번 올 때마다 2번씩 빈칸 넣기를 해와야 한다. 물론 시험 볼 때까지 계속된다. 중위권과 하위권 아이들이 "선생님, 이거 언제까지 베껴야 돼요?"라고 물어보면 "네가 본문 지문 안 보고 다 맞을 때까지 하는 거야~ 안 보고 다 맞으면 그땐 안 해도 돼~"라고 말한다. 그리고 상위권 아이들이 40~50번 정도 녹음한 후에 "선생님, 이제 많이 틀린 것만 베끼면 안 되나요?"라고 물어보는데 단호하고 "안 돼!"라고 말한다. 무조건 시험 보기 최소 일주일 전까지는 계속 시켜야 하고, 시험 전날 또 시켜야 실수를 안 한다. 아이들은 시험 보기 1~2주 전엔 열심히 공부해도 정말이지 놀라운 속도로 까먹는다. 늘 기억하자! 아이가 똑똑하다고 해서 조금 덜 시켜서 성적이 덜 나오면 오로지 그 책임은 나에게 돌아온다는 것을!

Q10 시험 범위가 너무 많아 녹음 시간이 오래 걸려요

　그래도 시켜야 한다. 대신 싫다는 고등학생들은 녹음과 쓰기 둘 중 하나를 선택하라고 한다. 그럼 대부분 녹음을 선택한다. 고등부는 시험 범위 지문이 아무리 적어도 수십 개가 되니 월 1번, 수 1번, 금 2번 일주일 최소 4번 정도 녹음하는 것을 추천한다. 야자 때문에 토요일과 일요일에만 오는 아이들은 어쩔 수 없이 토요일 숙제는 1번만 녹음시키고, 나머지 3번은 일요일에 숙제를 내주고 다음 주 토요일까지 해오라고 하면 된다.

　그런데 둘 다 싫고, 문제만 풀기를 원하는 애들이 많다. 그런 아이들은 대신 숙제를 엄청 많이 내준다. 시험 범위에 들어가는 모든 지문의 빈칸 넣기도 기본적으로 내준다. 문제풀이 양이 정말 살인적으로 많기 때문에 녹음 숙제로 전환하겠다는 애들도 많다.

Q11 녹음 확인은 언제 하나요?

수업 시작 전에 해야 한다. 그래야 숙제 안 해온 아이들을 남길 수 있다. 나는 수업 시작하자마자 핸드폰을 수거해서 일일이 듣는다.

핸드폰에 녹음시키는 게 좋은 이유는 녹음 숙제 검사한다고 핸드폰을 걷은 후에 수업이 끝날 때까지 핸드폰을 주지 않아도 되기 때문이다. 수업 시간에 핸드폰을 하는 아이들 때문에 골머리를 앓는 선생님들이 많은데, 이렇게 하면 핸드폰 하지 말라고 잔소리할 필요도 없으니 일석이조다.

Q12 녹음 확인하는 시간이 너무 오래 걸려요

녹음 일일이 다 들어볼 필요까진 없다. 녹음 숙제 확인을 짧게 하는 꿀팁은 처음에는 아이들 앞에서 성격 좋은 아이의 녹음을 틀어놓는다. 그러면 바로 100이면 100 이렇게 소리친다.

"선생님, X팔리게 왜 여기서 들어요!! 나가서 들어요!"

그러면 미안하다고 핸드폰 들고 나가서 대충 확인하고 싹다 지워버리면 된다. 대충 확인하지만 거의 정확하게 확인하는 방법은, 녹음파일을 재생하고 1~2초 후에 중간 부분을 손가락으로 찍어서 제대로 했는지 1~2초 정도 듣고, 마지막 부분을 찍어서 끝까지 제대로 했는지 확인하고 바로 지워버리면 된다. 하지만 잔머리를 잘 쓰는 아이의 녹음은 좀 더 꼼꼼히 들어야 한다.

Q13 녹음 시간 날짜도 확인해야 하나요?

　하루는 중3 남자아이의 본문 녹음 숙제를 확인하던 중 소리가 이상하다는 걸 눈치챘다. 유독 그 아이의 본문 녹음만 기계음이 살짝 들어간 거 같기도 하고 아무튼 뭔가가 이상했다. 그래서 그 아이를 취조(?)해봤더니, 이 녀석이 카드 돌려막기처럼 녹음 돌려막기를 하고 있다는 사실을 알아냈다. 동일한 부분을 10번 녹음하는 식으로 숙제를 내주니까 꾀를 낸 것이다.

　너무나도 영악한 이 아이가 썼던 방법은 녹음 무한 복사였다. 일단 핸드폰으로 녹음을 한 다음, 녹음 파일을 핸드폰에서 자기 이메일로 보낸 후, 집에 가서 컴퓨터로 수십 개를 복사해 자기 메일로 전송한 후, 하나씩 다운로드해서 검사를 받았던 것이다. 정말 대단한 녀석이다! "잔머리 하나는 끝내준다"고 칭찬한 기억이 난다. 이날 이후로 모든 아이들에게 녹음 시작 전에 날짜랑 시간까지 녹음하라고 했다. 그래야 녹음 재활용(무한 복사)을 할 수 없다.

Q14 녹음 숙제만 안 한 아이는 어떡하나요?

　녹음 숙제를 두 배로 더 내주거나, 남겨서 녹음 다하고 검사받고 보낸다. 만약 고등부라 10시에 집에 보내야 한다면 다음에도 숙제 안 해오면 엄마한테 말하고 주말 보충 부른다고 얘기한다. 주말에 수업하는 애들은 평일 야자 끝나고 보충 부른다고 말한다. 그런데 10시(또는 11시) 이후에 수업하는 것은 불법이니, 주말에 2~3시간 남아서 숙제시킬 거라고 엄포를 준다.

Q15 녹음 숙제를 싫어하는 아이는 어떡하나요?

양자택일하게 하라. "10번씩 녹음할래? 10번씩 쓸래? 네가 선택해"라고 하면 대부분 녹음을 선택한다. 아이들은 깜지 쓰기를 너무너무 싫어한다. 지루하고 팔목이 너무 아프기 때문이다. 심리학 용어로 이런 걸 '이중속박'이라 한다. 어느 것을 선택하든 나에게 유리한 쪽으로 선택하게 만드는 것이다. 한마디로 무엇을 선택하든지 간에 숙제를 하게 만드는 것이다.

Q16 단어도 못 읽는 바닥권 아이들은 어떡하나요?

귀찮지만 한국말로 토씨를 달아줘야 한다. 고등부는 시험 범위가 너무 많아서 단어량이 많지만, 중학교는 시험 범위가 두세 개 과 정도밖에 안 돼서 외워야 할 단어량이 그렇게 많지 않다. 자세한 방법은 1부 4장 '단어도 못 읽는 영포자 80점대로 급상승시키기'에서 자세히 언급했으니 참고하기 바란다.

Q17 수십 번 녹음해도 안 되는 아이는 포기할까요?

스마트폰이 나오고 나서 대부분의 아이들이 게임 때문에 집중력이 많이 약해졌다. 특히 새벽까지 게임하는 아이는 녹음을 아무리 해도 안 된다. 정신이 딴 데 가 있으면서 입으로만 읽기 때문이다. 게임하면서 TV 드라마 보면 드라마 내용을 거의 기억을 할 수 없는 것과 같은 이치다.

이런 아이는 10~20분 정도 일찍 불러서 오자마자 시험 범위 본문 빈칸 넣기를 시키고, 남아서 자습시킬 때 1번 그리고 숙제로도 1번 내줘라. 이렇게 매번 본문을 녹음하면서 빈칸 넣기를 1주일에 9번씩 하면 석두 할아버지가 와도 본문 빈칸에서 틀리는 일은 없을 것이다.

"난 애들이 많으니깐, 저런 돌머리는 버려도 돼~" "저런 석두를 가르치는 건 고급 인력 낭비야~"라고 생각하지 말자. "날 때부터 공부 잘하는 사람이 어디 있겠니? 선생님이랑 함께 달리는 거야~" 하면서 조금 귀찮고 조금 힘들어도 함께 달려야 한다. 바닥권 아이들은 가르치긴 힘들지만, 시키는 대로만 하는 영혼이 맑은 아이들이 대부분이다.

부록 2

전국 영어 선생님들의

실천 후기

※후기가 너무 많아서 지면 관계상 몇 개만 수록했음.

일산 선생님 1차 실천 후기 :
대박 족집게 강의 후기 + 녹음 효과 사례

먼저 오늘 강의해주신 원장 선생님께 감사드립니다. 2~7시까지 5시간이라는 강의 동안 힘드셨을 텐데도 힘든 내색하지 않으시고 열강해주셔서 감사드립니다. 오늘 중간고사 대비 중학생 1~3과 핵심 족집게 강의를 듣게 되었습니다. 정말이지 감동 그 자체였고, 저도 아이들한테 빨리 가르쳐주고 싶다는 생각이 드는 5시간이었습니다. 정말 애들이 뭘 어려워하는지 콕콕 집어서 알려주시는데 원장 샘 경력과 제 경력을 바꾸고 싶다는 생각이 불끈~!!! 언젠가 저도 그렇게 되겠죠?^^ 그리고 이곳에다가 같이 녹음의 효과에 대해 쓰려 합니다.

현재 아이들 숙제를 전부 녹음으로 대체하고 있는데, 물론 매일 잘해주는 친구도 있고 안 하는 친구도 있지만, 매일 열심히 본문 녹음을 하고 있는 친구들 사례를 올립니다. 먼저 중3 여학생인데 지난주 수업하러 갔더니 저에게 하는 말이! "샘!!! 신기해요. 계속 읽었더니... 그게... 딱히 외우는 게 아닌데 그냥 기억이 나요!! 그래서 학교서 본문 관련 시험 봤는데 저만 다 맞았어요!!" 하더라구요. ㅎㅎ 그래서 저도 반신반의하면서 시작했던 녹음 효과에 대해 100퍼 아니 200퍼 믿기로 했습니다. 애들한테 녹음은 밥이라고 말하려구요ㅋㅋ

글구 두 번째로 고3 여자애도 수특을 계속 녹음시키고 있습니다. 정말 열심히 하는 친구얘요^^ 저는 수업 시간에 문법만 나올 꺼 알려주기만 하는데 수특 변형 문제 숙제로 내주면 다 맞아요!!! 대박!!!! 대박!!!! 여튼 다시 한번 너무 감사드립니다~^^ 금일 강의 사진 올리고 싶었는데 핸폰을 새로 바꿔서 컴터에 잘 안 올려지네요ㅠㅠ 여튼 담번에는 문법 공식 강의도 들어보려구여~~ 샘! 정말 감사드립니다.^^

일산 선생님 2차 실천 후기 :
솔직한 녹음 수업법 강의 후기(중간고사 결과 포함)

안녕하세요? 먼저 중간고사 준비하시느라 다들 수고하셨습니다. 전 이번 중간고사 준비 때 황성공 원장샘 강의를 듣고 녹음 수업을 시험 대비로 진행했습니다. 참고로 현재 저는 일산 지역에서 과외를 하고 있습니다. 중학생은 5명 나머지 11명은 고등학생입니다. 중학생 5명 중 1명은 중1이라 섬이 없고, 나머지 4명 중 2명이 중3, 2명이 중2입니다. 중3 2명 중 1명이 대박 났습니다.

백양중 중3 학생 91점 받았네요. 무엇보다 아이가 섬 끝나고 한 말이 섬이 이렇게 쉽게 풀린 적이 없다며 너무 쉬워서 실수했다면서 아쉬워하더라구요ㅎ 무엇보다 서술형이 42점 배점인데 실수로 2점 나간 것 빼고 다 맞음!! 다른 중3 학생은 공부 안 하는 친구라 언급 안 하겠습니다ㅎ 중2 학생 2명 중 한 명은 중간고사를 안 보더라구여... 나머지 한 명 애는 녹음을 해야 하는데, 핸드폰을 압수당해서, 섬 앞두고 2주 동안 그래서 녹음 잘 못해서 81점ㅎ

　　이젠 고등학생 애들 얘기를 하도록 하겠습니다.

　　백양고 고2 64점 → 91점 급상승

　　성사고 고2 68점 → 84점 급상승

　　백신고 고2 문제를 다 바꿔서 내는 바람에 77점

　　능곡고 고1 85점

　　풍동고 고2 79.6(중간에 감기로 일주일 녹음 쉼)

　　녹음 안 한 고3 남자애 섬 망침

　　나머지 언급 안 한 고딩들은 녹음 안 한 친구들입니다. 결론은 녹음이 진리다ㅎ 샘 정말 감사합니다. 이제 내신은 한시름 놨네요~!

인천 선생님 1차 실천 후기 :
녹음 한 달 후 시험 결과

녹음 강의 듣고 10월 21일~11월 13일까지 녹음시켰습니다.

중3 2명짜리만 1번 학생 : 중간고사 80점에서 기말고사 90점으로 상승.

2번 학생 : 중간고사 24점에서 기말고사 81점으로 상승.

예비 고1 반에 동력을 얻었습니다. 저 정말 후회했습니다. 빨리 황 원장님 강의를 들을걸... 녹음을 할걸... 성적 안 나오는 학생 때문에 고민이신 분. 그냥 진짜 그냥 강의 들으세요. 답이 없던 수업에 답이 생깁니다.

인천 선생님 2차 실천 후기 :
20점 → 81점, 65점 → 89점으로 확 뛰었네요!

20점에서 81점 급상승에 이어, 이번에 두 번째 기말고사 결과가 나왔습니다. 중2 반 전체가 조금씩 성적이 상승되었는데... 한 녀석이 65점에서 89점으로 확 뛰었네요ㅠ 사실 녹음을 완전히 열심히 하지는 않아서 걱정했던 녀석이었는데 운때와 녹음의 효과가 잘 결합되어 좋은 성적이 나왔네요^^ 황 원장님이 한 번에 많이 올리지 말라고 하셨는데...ㅠ 약속드린 후기 올릴 수 있게 되어 황 원장님께 감사 말씀드립니다.

분당 원장쌤 실천후기 :
be동사도 몰랐던 아이가 92점을 맞았네요!

안녕하세요.^^ 다들 중간고사 시험 잘 준비하셨나요?

저는 성적 급상승 비법 강의를 듣고, 녹음을 시켰던 중학생 2학년 학생 시험이 대박 났습니다. 이 학생은 제가 3월 말부터 가르쳤던 학생인데요. 학원도 처음 다니는 거고, 문법 기초도 be 동사부터 시작해야 할 정도로 부족한 아이였습니다. 일주일간 스파르타로 문법 기초를 가르친 뒤 중간고사는 약 3주간 대비해줬습니다. 중간고사 준비할 시간이 넉넉하지 않고 아직 문법도 많이 봐줘야 하는 상태라 녹음도 황 대표님이 말씀해주신 양의 두 배를 시켰습니다. 아이도 꾸준히 매번 숙제를 잘 해왔습니다. 나중에는 속사포로 영어 본문이랑 해석을 녹음하더라구요ㅋㅋ. 그리고 3주간 중간고사만 준비한 결과 be동사, 일반동사, 그리고 인칭대명사도 몰랐던 아이가 이번 시험에서 92점을 맞았네요.^^ 학생과 학부모님도 정말 기뻐하고, 저도 너무 대표님께 감사드려요! 저도 기초가 부족한 애들 내신은 어떻게 준비시켜야 할지 이번에 대표님 강의로 확실하게 배웠네요.

이번에 중2 시험 잘 본 걸로 홍보 많이 할 예정입니다.^^ 이제 곧 중3 아이도 새로 등록할 예정이니 한번 시켜보고 기말고사 후나 다음 학기에 더 많은 후기 올리도록 하겠습니다. 다시 한번, 감사합니다. 대표님^^

창원 원장쌤 녹음 실천 후기 :
녹음만으로 4학기(두 학년) 전체 100점!!

대표님 노하우로 지금까지 영어시험 준비만큼은 수월히 진행하고 있는 1인입니다. 처음에 녹음하라는 얘기에 의아해서 잘될까 싶었어요. 그리고 방법 또한 아이들한테 잘못 전달해서 효과를 보지 못했습니다. 그래서 대표님께 다시 물어봤죠. 그러니 친절히 가르쳐주시더군요,

그래서 녹음만으로 중딩 학생을 2, 3학년 통틀어 100점, 98점, 100점, 100점 받은 적이 있습니다. 녀석은 원래 공부는 좀 하는 친구였는데, 중1 때 혼자 영어 하겠다며 저한테 수업을 거부하던 녀석이었습니다. 그런데 중1 때 영어 총 4번의 시험을 60점을 못 넘기는 악순환이 이어졌죠. 그래서 저에게 수강하겠다고 했고, 마침 그때 황성공 대표님 방법으로 이 친구를 티/코칭했습니다. 럴수 럴수 이럴 수 100점 바로 받아오더군요! 그래서 확신했고, 이후에 계속해서 이 방법을 썼으며 3점짜리(당시 고딩1) 학생을 녹음만으로 58점까지 만든 적도 있었습니다. 그리고 지금까지 사용

하고 있으며, 거의 성적은 99% 오르고 있습니다. 감사합니다. 녹음 효과는 저도 확신합니다. 그런데 학생 모집이 더 필요해서 황 대표님 세미나를 들으려 합니다ㅎㅎ

화성 원장쌤 후기 :
영어 100점을 시작으로 전교 1등 했어요

초등5 때부터 수업해온 학생이 중2가 되고 난 후, 디지털미디어고등학교가 목표라고 해서 늘 많은 신경을 썼었는데, 중간고사 첫날 시험에서 영어 100점을 시작으로 전 과목 all 100. 전교 1등을 했네요~~~^^ 오늘 오후 초등 수업하는 중 학부모님께 전화왔어요.

"선생님~~ 주니가 전 과목 올백이에요~~"

"어머 잘했네요~~어머니 축하드려요~~"

주니가 중2병이 와서 수업 시간에 예전보다 집중을 덜 하고, 다리를 떨고, 중간중간 멍 때리고. three times a week에서 '세 번의 세' 자를 안 보고, 답을 쓰는 등 저와 학부모님을 걱정하게 했었는데, 워낙 기본실력이 있던 터라 잔소리 잔소리하며 꾹 참고 한 달 동안 2주는 일요일만 2주는 토·일에 불러 공부시키고 집까지 태워다주고~~. 주말에 꽃구경도 제대로 못 한 아쉬움이 싹 풀리네요. 시험 첫 날, 학부모님께 전화해서 이런저런 말씀드리며, 황성공 쌤 말씀대로 비전 제시하니 알겠다고 하시고~~ 이번 성적을 계기로 입소문이 과연 얼마나 날지 기대는 안 하지만 많이 등록하면 좋겠다는 생각이 드네요. 쌤들 모두 고생 많으셨어요~^^

부천 선생님 녹음 실천 후기 :
녹음의 힘!!!!!!

성공비 사이트를 알고, 중고등 성적 급상승 비법 강의를 듣고, 이번 2학기 중간고사 때는 녹음으로 숙제를 대신해보기로 했습니다. 마음 같아서는 매일 녹음하라고 시키고 싶지만, 워낙 숙제를 잘 안 해오는 스타일이라(남자 학생들이) 일주일에 두 번만 정해서 해오라고 했어요. 안 해오면 남아서 하고 가게 시켰어요.

너무 재미있는 건, 아직 영어를 잘 못 읽는 친구들은 2~3명이 같이 읽으며 "야! 임마 너 이것도 못 읽냐, 이렇게 읽는 거야!" "우이씨~" 서로 이래 가며, 그러다가 뭐가 재미있는지 낄낄거리며 랩하듯이 읽기도 하고, 각각 다른 교실에 흩어져서 너무 즐겁게 녹음을 하더라구요. 근데 이번 2학기 중간고사에서 학생들 성적이 엄청 올랐어요!! 너무 신기한 건 새로운 학생 1학기에 18점 받았다는 남자 학생 처음에 3인칭도 몰라서 별도로 학습시켰습니다. 별로 기대도 안 했는데, 이번 시험에 54점 받아왔어요! 그 외에 40점대 친구들 2명 70점대로 올랐구요. 아이들 대부분이 적게는 10점에서 많게는 20점씩 올랐어요!

1학기 성적 두 번 다 70점대만 나온 친구가 있었는데 96점 받아왔어요. 70점대에서 90점대 오른 친구는 시험 끝나자 마자 달려와서 "선생님~~~~~~~~~저 1개만 틀렸어요" 하며 하이파이브하고 방방 뛰고 그렇게 좋아하는 모습 보니 정말 뿌듯하더라구요. 이렇게 효과를 보니 '녹음이 정말 진리구나' 싶네요. 좋은 비법 알려주신 황 원장님 정말 감사합니다!!!! 2학기 기말고사에는 녹음 더 시켜야겠어요!!^^

부산 원장쌤 녹음 실천 후기 :
녹음 숙제 실천 후 중간고사 100점 받았어요~

먼저 대표님 감사합니다~~~

처음 대표님 생방송 강의 들은 그날부터 바로 중학생들 녹음 숙제시켰어요. 보통 쓰기 숙제를 많이 내다가 녹음 숙제로 바꾸니 애들이 환호하더라구염ㅋㅋ 근데 녹음한 거 확인할 때는 뭐가 그리 부끄러운지 도망가는 애도 있고ㅋㅋ 처음엔 단어부터 시키다가 본문, 대화문, 문법 파트 문장들 모두 다 시켰어요. 그때 살짝 말씀드린 중3 30점 그분은 첨엔 신기하게도 잘하다가 나중엔 맘이 콩밭에 가서서 숙제를 안해오더라구염. 그래도 이쁜 중1학생들은 끝까지 녹음 숙제해왔답니다. 중학교 입학후 첫 시험이라 긴장도 많이 하고 문제 풀려보면 잦은 실수가 좀 있어서 걱정을 많이 했는데 숙제 완료했던 중1들은 영어 100점 받았어요~~~!! 것두 한 명은 자기 반에서 유일한 100점이랍니다. 하하하 어머님 넘 고마워하시고 아이들도 자신감이 붙었는지 더 열심히 하려 하네요. 기말 대비도 계속 녹음 숙제 시키고 있구여, 한 명은 녹음에 재미 들려 사회랑 도덕도 녹음하고 있다 합니다.

무엇보다 녹음 숙제 내준 뒤 제가 더 편해졌어요. 첨엔 정말 될까 긴가민가했는데 실제로 효과를 보니 이젠 성공비 대표님 팬이 될 거 같습니다. 앞으로도 좋은 강의 많이 부탁드리고 많이 배우고 실천하겠습니다. 다시 한번 감사드립니다~~~^^

동탄 원장쌤 녹음 실천 후기 :
모두 90점대가 넘었어요~

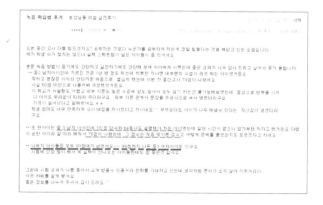

요번 중간고사 다들 힘드셨지요? 공부하는 것보다 누군가를 공부하게 하는 게 정말 힘들다는 것을 깨닫고 있는 요즘입니다. 제가 학생 수가 많지는 않으나 실력 스펙트럼이 넓은 아이들이 좀 있어서요. 본문 녹음 방법이 듣기에도 간단하고 실천하기에도 간단해 보여 아이에게 시켰는데 좋은 성과가 나서 감사드리고 싶어서 후기 올립니다.

중2 남자아이이인데 가르친 것은 1년 반 정도 되는데, 하루만 지나면 대부분의 수업이 리셋되는 아이였거든요. 착하고 괜찮은 아이라 안타까운 마음으로 열심히 했는데 이번 첫 중간고사 79점이 나왔어요. 사실 50점 미만으로 나올까봐 걱정했었거든요. 이 학교가 서술형도 어렵고 외부 지문도 높은 수준에 양도 많아서 모두 암기하는 건 불가능해 보였는데 음성으로 반복을 시키니 아이도 무리 없이 따라와 주더라구요. 외부 지문 관계사 문장을 주관식으로 써서 맞혔더라구요. 기적이 일어났다고 말해줬어요. ㅎㅎ 학생 엄마도 너무 만족하며 식사 대접을 하시겠다고 하시네요.^^ 무엇보다도 아이가 나두 해낼 수 있다는 자신감이 생겼더라구요.

　　또 한 아이는 중3 남자아이인데 3인칭 단수와 be동사도 설명해줘야 하는 아이였는데 일단 시간이 없으니 암기부터 하자고 했거든요. 다행이 순한 아이라 잘 따라해줘서 76점이 나왔는데, 그 점수는 처음 받아본 점수고, 어떻게 문제를 풀었는지도 모르겠다고 하네요.^^ 나머지 아이들은 모두 90점대가 넘었어요~~ 99점까지 나온 중3 여자아이도 있구요. 시험에 긴장 많이 해서 제 실력이 안 나오는 아이들한테도 참 좋은 것 같아요. 그런데 시험 성과가 나름 좋아서 소개받을 수 있을 거라 전화를 기대하고 있는데 생각처럼 문의가 오지 않아 기웃거리다 이곳 카페를 알게 됐어요. 좋은 정보를 나누어주셔서 감사드려요^^

부록 3

독이 되는 강사

득이 되는 강사

뽑지 말아야 할 독이 되는 강사 BEST 7

7위 _ 스펙이 너무 좋은 강사

SKY 출신이나 서울 상위권 대학 전공자, 완전 비추! 원장 머리 위에서 논다. 빨리 그만두고 너무 똑똑해서 내 학원 근처에 자기 학원을 차린다. 애들 안 빼가면 다행이다.

6위 _ 유학 갔다 온 강사

영어권 국가에서 중고등학교나 대학을 나왔거나 교포 출신인 강사는 입시에 약하다. 특히 교포 출신에게 입시 시키면 쥐약이다! 한국 입시를 이해 못하고 문법도 못 가르친다. 잘 가르치는 강사는 극히 일부분이다. 집이 먹고살 만하기 때문에 학원 차리기 전에 경험 쌓으려고 강사 생활하는 경우가 대부분이다. 아닌 경우라면 진짜 복받은 원장이다.

5위 _ 나이 든 강사(40대 중반 이후)

특히 50대는 완전 비추다. 애들이 싫어하고 일도 제대로 안 하고, 돈만 밝히고, 계속 뭐라 하면 바로 때려치거나 연락 없이 잠수 탄다. 남자는 총각, 여자는 애엄마가 좋다(애엄마들은 갈 만한 학원이 많지 않다).

4위 _ 원장보다 나이 든 강사

원장과 나이 차가 4, 8, 12, 16, 20 등 4배수 차이면 그냥 무던하게 사고는 치지 않는다. 미신이지만 겪어보니 맞는 말이더라. 믿기 싫으면 패스!

3위 _ 인성이 나쁜 강사 또는 인상이 나쁜 강사

채용해서 같이 일해보기 전엔 모르지만, 인상이 좋은 사람은 그나마 개판 치고 잠수 타진 않는다.

2위 _ 1년마다 여기저기 옮겨다니는 강사

본인은 가는 곳마다 이상한 원장을 만나서 자주 옮겨다녔다고 변명할 수 있지만, 해당 학원 원장 입장에서 보면 그 강사가 문제가 있기 때문에 그만뒀을 테고, 제대로 원장 말을 듣지 않았기 때문에 여기저기 옮겨다니는 경우가 많다. 한 군데 또는 두 군데 정도에서 오래 일한 강사가 괜찮다.

1위 _ 내 학원에서 애들 빼내갈 강사(최악의 강사)

나이 들고 학원이나 교습소 또는 공부방을 했던 경력이 있는 사람 중에서 내 학원에서 애들을 빼내가 학원을 차리는 사람들이 많다. 나랑 궁합이고 뭐고 이런 강사 들어오면 학원 문 닫아야 한다.

당장 그만둬야 할 강사 관리 뻘짓 TOP 6

6위 _ 매달 회식 안 하기

해줄 거 해주면서 부려먹어라!

강사 생각) 된장~ 다른 학원은 매달 회식한다던데, 우리 원장은 회식도 가끔씩 생각나면 하면서 부려먹기는 드럽게 부려먹어요~ 잔소리는 또 얼마나 많은지. 좋은 자리 나기만 해봐라~ 너랑은 안녕이다!

5위 _ 매주 회의하기(200명 이상 학원이면 인정, 그 이하는 하지 마라!)

강사 생각) 아~놔~ 애들도 몇 명 없는데, 그놈의 맨날 똑같은 회의는 1시간씩이나 하구, 맨날 하는 얘기 똑같구먼. 일 더해라, 잔소리만 늘어놓고…. 회의 안 하는 학원으로 가야겠다!

4위 _ 학부모 상담전화 시키기(경고!!! 절대 하지 말 것!!!)

상담전화 시켜봤자 귓등으로도 안 듣는 학부모들이 많다. 게다가 돈 안 주고 원장이 시켜서 하는 일이라 성의 없이 대충한다. 학부모들한테 괜히 안 좋은 이미지만 심어준다. 그리고 학부모 전화번호를 가지게 돼서 애들 빼내가 학원 차리는 경우를 수없이 봤다!! 고양이에게 생선 맡기는 격이다.

강사 생각) 지난달에도 했는데 뭘 또 하라는 건지. 엄마들도 건성으로 듣고 시간 내서 전화해도 고마워하지도 않는데, 본인이 하지. 자기가 귀찮으니까 나한테 다 시키고. 아~ 빨리 나도 학원이나 차려야겠다!

3위 _ 청소시키기

강사 생각) 내가 청소하려고 학원 왔어? 수업하려고 왔지. 청소는 청소 아줌마 시키면 되지. 아니면 본인이 하든지. 돈 아끼려고 저 짠돌이 원장, 빨리 다른 데 알아봐야겠다.

2위 _ 돈 더 안 주고 보충수업 시키기

강사 생각) 시험 때만 되면 계약서에 없는 보충해주라고 난리야! 토일 보충수업 시키고 돈도 안 주면서. 보충수업 때문에 데이트도 못하고 이게 뭐야!! 돈도 더 안 주는 주말 보충하려니 드럽게 짜증나네!

1위 _ 학교 앞에서 돈 안 주고 홍보시키기(제일 싫어함!!!)

강사 생각) 아~ 짜증나~ 홍보는 자기가 하든가 업체 불러서 하면 되지. 아는 사람이라도 만나면 쪽팔린데…. 돈 아끼려고 선생들 시키는 짠돌이 원장 싫다 싫어! 드럽게 춥구먼.

강사관리 초비법 TOP 3

강사 입장에서 생각하라! 어차피 강사한테 학원은 잠깐 지나가는 곳이지만, 있는 동안만이라도 잘해주자. 그러다 보면 간혹 진국을 만나기도 한다!

3위 수업만 시킨다

상담전화, 청소, 홍보 이런 것 시키지 말고 오로지 수업만 시키자.

2위 돈 더 주기

다른 곳보다 10만~20만 원 정도 더 줘라. 기본급에 학생 한 명당 수당 주는 걸 200% 추천한다. 직접 상담할 경우 강의료 50%나 한 달 치를 주고, 그 학생 그만둘 때까지 매달 1만~2만 원씩 계속 주면 보충은 기본이고, 아이들에게 엄청 잘해준다.

1위 진짜 가족처럼 대해준다

요즘 강사가 강사인가? 한두 달만 월급이 밀려도 득달같이 노동청에 신고한다. 원장님 당신도 가만히 생각해보자. 강사를, 부려먹는 사람이 아닌 진짜 가족으로 대해줬는지. 잔소리나 불만만 늘어놓지는 않았는지.

강사 관리도 학부모, 학생 관리처럼 Give And Take다! 먼저 주고 그다음에 받자! 생일날에는 꽃다발과 함께 금일봉(20만~30만 원)을 건네자. 그리고 그날은 패밀리 레스토랑에서 다같이 회식이다!

강사보다 조교 2~3명이 훨씬 낫다!

어차피 강사는 원장인 나처럼 학생들을 내 새끼처럼 돌봐주지 않는다. 중고등의 경우 강사가 그만두면 반 자체가 없어지거나 반토막날 정도다. 그러므로 신중하게 뽑아야 한다. 어차피 강사는 나그네와 같아서 결국에는 그만둘 사람이다. 친한 후배나 전 학원 동료 강사도 마찬가지다.

어차피 그만둘 강사를 뽑을 바에야 조교 2명을 뽑아서 월수금 화목토로 돌리면 한 명이 그만두면, 새로운 알바 구할 때까지 다른 한 명이 대타 뛰면 된다.

만일 강사가 한 명인데 갑자기 그만두면 원장인 내가 다 가르칠 수도 없고, 새로운 강사 뽑는 데 시간이 걸려 그 사이 그만두는 애들이 속출한다. 애들 모으기도 힘든데, 강사 때문에 어렵게 모은 학생들 우루루 그만두면 해결책은 취할 때까지 소주 마시는 일밖에 없다.

조교는 20대 대학원생들이나 휴학생들이라서 말도 잘 통하고, 언니오빠 형누나 같아서 애들이 좋아한다. 상위권 대학 학생을 뽑거나 중위권이나 하위권 대학이라면 토익점수가 최소 700점 이상은 되어야 한다. 단어도 제대로 모르는 애들을 조교로 쓰면 득보다 실이 많다.

아이들에게 스트레스를 주지 마라!

아이들을 고통스러운 단어, 본문 암기에서 해방시켜 줘라!

학원·공부방이 공부를 하는 곳은 맞지만, 즐거운 곳이 되어야지 가기 싫은 곳이 되어서는 안 된다.

"지혜야~ 너 학원 왜 며칠 만에 그만뒀니?"

"아~ 그게요. 학원을 처음 갔는데, 단어를 300개나 외워오라고 했어요. 읽지도 못하는데…. 그래서 안 외우고 그냥 학원에 갔더니, 남아서 300개를 5번씩 쓰고 가라고 해서 그냥 집에 와서 엄마한테 그 학원 끊어달라고 했어요."

담배를 피우는 중2 바닥권 여학생이 대학교에 입학해서 보내온 문자에 눈시울을 적신 적이 있었다.

"선생님~ 그거 알아요? 제가 배웠던 선생님들 중에 선생님이 제일 최고였던 거! 잘 가르쳐줘서 감사합니다."

아이들을 내 친조카처럼 대해줘라.

"선생님, 저 자르시면 안 돼요~."
"전 선생님과 졸업할 때까지 공부할 거예요!"
"엄마가 대형 학원으로 옮기라고 했는데, 제가 선생님이랑 수업 안 하면 집 나갈 거라고 했어요. 잘했죠?"

사랑하는 마음으로 아이들을 대하라. 10번 중에 9번은 무섭고 1번은 천사처럼 대해줘라!

이 책이 세상에 나오기 전까지 20년 동안 나를 거쳐간 수많은 영포자 제자들에게 감사한다. 그리고 마지막으로 고군분투하는 모든 영어 선생님에게 고 정주영 회장의 말을 기억하며, 다 함께 힘을 내자고 말하고 싶다.

"언제 한번 해보기는 했어? 해보고 말해!"